桥梁维修与加固研究

郭鑫 耿帆 著

吉林科学技术出版社

图书在版编目（CIP）数据

桥梁维修与加固研究 / 郭鑫, 耿帆著 . -- 长春：吉林科学技术出版社, 2023.6
 ISBN 978-7-5744-0558-5

Ⅰ. ①桥… Ⅱ. ①郭… ②耿… Ⅲ. ①桥—维修—研究②桥—加固—研究 Ⅳ. ① U445.7

中国国家版本馆 CIP 数据核字 (2023) 第 106666 号

桥梁维修与加固研究

著	郭 鑫 耿 帆
出 版 人	宛 霞
责任编辑	蒋雪梅
封面设计	筱 萸
制 版	筱 萸
幅面尺寸	185mm×260mm
开 本	16
字 数	203 千字
印 张	11.25
印 数	1—1500 册
版 次	2023 年 6 月第 1 版
印 次	2024 年 1 月第 1 次印刷

出 版	吉林科学技术出版社
发 行	吉林科学技术出版社
地 址	长春市福祉大路5788号
邮 编	130118
发行部电话/传真	0431-81629529 81629530 81629531
	81629532 81629533 81629534
储运部电话	0431-86059116
编辑部电话	0431-81629518
印 刷	廊坊市印艺阁数字科技有限公司

书 号	ISBN 978-7-5744-0558-5
定 价	68.00元

版权所有 翻印必究 举报电话：0431-81629508

前　言

　　桥梁维修与加固是桥梁养护管理的一项重要内容,是保证桥梁正常工作的有力手段。桥梁的维修与加固技术也是一个新的课题。目前,我国公路、铁路交通事业蒸蒸日上,不少高速公路已建成并投入运营中,另外还有不少正在建设的高速公路和其它等级的公路也将建成并投入运营。但由于设计、施工质量及养护等方面的原因,使得桥梁的维修和加固显得日益重要。与维修养护是为桥梁保持正常运营状态做保护性和预防性工作不同,加固是从承载受力的角度来处理的。一般来说加固方案可以考虑减少内力或增大截面,也可以应用加固新材料。加固方案的实施需要有一定经验的熟练工人和施工队伍来完成,对于工艺上也应有比较高的要求。加固后还需要对桥梁进行检测和观察,以确定加固的效果。桥梁的加固离不开修补材料,桥梁结构的修补材料种类繁多,性能各异,施工工艺及技术要求也不同。最常采用的是无机类的早强水泥、超早强水泥、速凝水泥及其砂浆或混凝土以及有机类的各种合成树脂及其砂浆或混凝土。

　　基于此,本书从桥梁基础介绍入手,针对桥梁施工技术、桥梁常见的缺陷以及桥梁检查进行了分析研究;另外对路基常见病害及防治措施、桥梁养护维修做了一定的介绍;还对常见桥梁加固技术以及桥梁结构加固与技术改造做了简要分析;旨在摸索出一条适合桥梁维修与加固工作创新的科学道路,帮助其工作者在应用中少走弯路,运用科学方法,提高效率。

　　在本书的撰写过程中,参阅、借鉴和引用了国内外许多同行的观点和成果。各位同仁的研究奠定了本书的学术基础,对桥梁维修与加固研究的展开提供了理论基础,在此一并感谢。另外,受水平和时间所限,书中难免有疏漏和不当之处,敬请读者批评指正。

目 录

第一章 桥梁理论基础 ··· 1
第一节 桥梁概述 ··· 1
第二节 桥面构造 ··· 11
第三节 拱桥设计与构造 ··· 18

第二章 桥梁常见的缺陷 ··· 29
第一节 桥梁承载能力不足 ··· 29
第二节 裂缝产生的原因及特性 ··· 31
第三节 墩台及其他病害 ··· 35
第四节 常用的桥梁加固修补材料 ··· 38
第五节 桥梁缺损维修与裂缝修补 ··· 52

第三章 桥梁检查 ··· 65
第一节 桥梁检查的分类、内容与方法 ··· 65
第二节 桥梁检测与评估 ··· 74

第四章 桥梁养护维修 ··· 90
第一节 日常养护维修 ··· 90
第二节 专项养护维修 ··· 101

第五章 常见桥梁加固技术 ··· 108
第一节 桥梁加固的基本原理及方法 ··· 108
第二节 粘贴加固 ··· 111
第三节 体外预应力加固技术 ··· 118
第四节 改变结构体系加固技术 ··· 120
第五节 扩大基础加固方法 ··· 122

第六章 桥梁结构加固与技术改造································125

　　第一节 梁桥上部结构加固································125

　　第二节 拱桥上部结构加固································140

　　第三节 桥梁下部结构加固································160

参考文献································173

第一章　桥梁理论基础

第一节　桥梁概述

一、桥梁的组成及分类

(一)桥梁的组成

桥梁由五个主要部件(桥跨结构、支座系统、桥墩、桥台、基础)和桥面构造(桥面铺装、排水防水系统、栏杆、伸缩缝和灯光照明)组成。

桥跨结构、支座系统和桥面构造是桥梁的上部结构,它是线路中断时跨越障碍的主要承重结构。上部结构的作用是满足车辆荷载、行人通行,并且通过支座将荷载传递给墩台。墩台和基础是桥梁的下部结构,它的作用是支承上部结构,并且将结构的荷载传给地基。

(二)桥梁的分类

桥梁的种类繁多,它们都是在长期的生产活动中通过反复实践和不断总结,逐步创造发展起来的。

1. 按桥梁的受力体系分类

桥梁可根据拉、压和弯三种基本受力方式分为梁式桥、拱式桥、悬索桥和刚构桥四种基本体系。当有几种不同的结构体系组合在一起时,则组成组合体系桥梁。

(1)梁式桥

梁式桥是一种在竖向荷载作用下无水平反力的结构。由于外力的作用方向与承重结构的轴线接近垂直,故与同样跨径的其他结构体系相比,梁内产生的弯矩最大,通常用抗弯能力强的材料来建造,它的结构简单,施工方便。梁式桥又可分为简支梁桥和连续梁桥。简支梁桥的跨越能力有限,当计算跨径小于 20 m 时,通常采用混凝土材料;当计算跨径较大时,需要采用预应力混凝土结构,但跨径一般不超过40 m。悬臂梁桥和连续梁桥都是利用增加中间支承以减小跨中弯矩,更合理地分配内力,加大跨越能力。

（2）拱式桥

拱式桥的主要承重结构是拱圈或拱肋。其特点是结构在竖向荷载作用下,两拱脚处不仅产生竖向反力,还产生水平反力,由于水平推力的作用使得拱截面的弯矩和剪力大大地减小。设计合理的拱轴主要承受压力,拱截面内弯矩和剪力均较小,因此可充分利用石料或混凝土等抗压能力强的房工材料。拱式桥是推力结构,其墩台、基础必须承受强大的拱脚推力。因此拱式桥对地基要求很高,适建于地质和地基条件良好的桥址。拱式桥不仅跨越能力强,而且外形酷似彩虹卧波,造型十分美观。

（3）悬索桥

悬索桥又称吊桥。传统的吊桥均使用悬挂在两边塔架上强大的缆索作为主要的承重结构。悬索桥由主塔、缆索、锚碇结构及吊杆、加劲梁等组成。在竖向荷载作用下,通过吊杆使缆索承受很大的拉力,通常就需要在两岸桥台的后方修筑巨大的锚碇结构。吊桥也是具有水平反力的结构。现代的吊桥上,广泛采用高强度的钢丝编制的钢缆,以充分发挥其优异的抗拉性能。因此,结构自重较轻、建筑高度较小的悬索桥能够建造出比其他任何桥型都要大的跨度。

（4）刚构桥

刚构桥的主要承重结构是梁与立柱刚性连接的结构体系。刚构桥的特点是在竖向荷载作用下,柱脚处不仅产生竖向反力,同时产生水平反力和弯矩,使其基础承受较大推力。刚构桥跨中的建筑高度可以做得较小。

（5）组合体系桥

由几种不同体系的结构组合而成的桥梁称为组合体系桥。常见的有斜拉桥和梁、拱组合体系桥。其中梁和拱都是主要承重结构,两者相互配合,共同受力。吊杆将梁上荷载向下传递,进而传递至下部结构,这样就显著减小了梁中的弯矩。

2. 桥梁的其他分类

除上述按受力特点将桥分成不同的结构体系外,人们还习惯按桥梁的用途、大小规模和建桥材料等其他方面来对桥梁进行分类：

①按桥梁全长和跨径的不同,分为特大桥、大桥、中桥和小桥。

②按桥梁主要承重结构所用的材料划分,有圬工桥（包括砖、石、混凝土等）、钢筋混

凝土桥、预应力钢筋混凝土桥、钢桥和木桥等。木材易腐且资源有限,因此除少数临时性桥外,一般不宜采用。目前,我国在公路上使用最广泛的是圬工桥、钢筋混凝土桥、预应力钢筋混凝土桥。

③按桥梁上部结构的行车道位置,分为上承式桥、下承式桥和中承式桥。桥面布置在主要承重结构之上者称为上承式桥,桥面布置在承重结构之下的称为下承式桥,桥面布置在桥跨结构高度中间的称为中承式桥。

④按桥梁用途来划分,分为公路桥、铁路桥、公路铁路两用桥、农桥、人行桥、运水桥及其他专用桥梁。

二、桥梁工程施工的一般特点

(一)流动性与地域性

桥梁工程施工生产不同于一般的工业生产,由于建造地点的不同,其施工是在不同的地区,或同一地区的不同场地进行的,因此其生产在地区与地区之间、场地之间流动。桥梁工程施工受地区条件的影响,其结构、造型、材料和施工方案等方面均有所不同,具有一定的地域性。

(二)固定性与单一性

具体到某一座桥梁工程施工,经过统一规划后,根据其使用功能,在选定的地点上单独设计、单独施工,不可更改,建设地点具有固定性。即使是提倡使用标准设计和通用构件,但受桥梁工程所在地区的自然、经济和技术条件的约束,其结构、建筑材料、施工方法和施工组织等也可因地制宜加以修改,以适应不同地区和不同桥型的需要,从而使桥梁工程的施工具有单一性。

(三)周期性与重复性

桥梁工程施工受混凝土龄期、同部位分节施工等影响,需按部就班地开展,如梁板预制、钢筋绑扎、模板安装固定、混凝土浇筑、顶推循环施工等,从而使桥梁工程施工具有周期性和重复性。

(四)露天性与高空性

桥梁工程地点的固定性和体形庞大的特征决定了其施工具有露天作业和高空作业多的特点。随着社会经济发展和现代化交通运输的需要,各种大型桥梁的施工任务越来越多,使得桥梁工程高空作业的特点日益明显。

(五) 施工周期长与占用流动资金多

桥梁体形庞大,其建造必然要消耗大量的人力、物力和财力,同时施工过程还要受到工艺流程和生产程序的制约,使各专业和各工种间必须按照合理的施工顺序进行配合与衔接。而建造地点的固定性,使得施工活动的空间具有一定的局限性,从而导致桥梁施工具有生产周期长、占用流动资金大的特点。

(六) 施工生产组织协作的复杂性

桥梁工程施工涉及工程力学、地基基础、工程地质、水文水力学、土力学、工程材料、工程机械设备、施工组织管理等学科的专业知识,施工涉及面较广,需要在不同时期、不同地点上组织多专业、多工种的综合作业。此外,它还涉及不同种类的专业施工队伍,以及规划与征用土地、勘察设计、"五通一平"、科研试验、质量监督、交通运输、电水热供应、劳务等社会各领域的外部协作配合,使得桥梁工程施工生产的组织协作关系错综复杂。

三、桥梁工程施工的基本程序

桥梁工程主体施工大致可分为桥梁下部结构和桥梁上部结构两个部分。桥梁下部结构工程(基础、墩台)大多采用就地浇筑施工,桥梁上部结构根据桥位的地形地貌特点、墩台高低、梁孔多少等选择桥位现浇法或预制梁场集中预制的运架方案。桥梁工程施工的精细度及要求高,施工组织应科学合理,管理应精细严格。

四、桥梁工程施工准备工作

施工单位承接桥涵施工任务后,必须组织有关人员对设计文件、图纸及其他有关资料进行了解和研究,并进行现场勘察与核对,必要时进行补充调查。其内容包括:气候条件,气象资料,河流水文,地形地貌,河床地质,当地材料,可利用的现有建筑物,劳动力情况,工业加工能力,交通运输条件,施工场地的水,电源以及生活物资供应,农田耕作的要求等。

①施工单位在编制施工组织设计前,应该组织有关人员对设计文件、图纸、资料进行研究和现场核对,必要时进行补充调查。研究设计文件、图纸、资料时,应首先查明是否齐全、清楚,图纸本身及相互之间有无矛盾和错误。如发现图纸和资料欠缺、错误、矛盾等情况,应向建设单位提出,予以补全、更正。较复杂的中桥、大桥和特大桥,可要求建设单位

进行设计交底,施工单位可提出修改意见供建设单位考虑。

②在勘查现场及审阅图纸后,应请建设单位主持,请建设主管部门、监理单位、设计单位设计人员进行设计交底。交底后施工单位将发现的问题提出,请设计单位解答,会议纪要由建设单位于会后以正式文件分发给设计、施工及其他单位。

在施工单位内部应贯彻层层交底制度,施工技术部分应由技术负责人进行书面交底。交底内容应包括结构特点、施工季节特点、施工步骤、操作方法、质量要求、安全要求和各项有关的规程、技术措施,并结合设计意图,向各级人员及操作人员交代清楚。

③根据工程规模,编制施工组织设计或施工方案,施工组织设计具体应该包括下列内容:

a. 工程特点:应叙述工程结构情况与特点及工程地点的水文、地质、气候、地形等特殊情况,以及与工程有关的其他情况。

b. 主要施工方法:根据工程特点,简要叙述本工程主要部位的施工方法和保证工程质量、施工安全、节约以及推广新工艺、新技术、新结构、新材料等的施工方法。

c. 施工现场总平面布置图及施工图纸:包括水、电、路及各加工厂与存料场的布置、面积,以及与场外的交通联系。

d. 施工进度计划:主要项目施工网络计划、施工物资供应计划及半成品供应计划、施工机具与劳动力计划。

e. 施工预算,科研项目及内容。

f. 对施工中间的障碍应作详细调查,并提出处理方法与时间,对旧建筑物的处理方法,如需爆破时,则应提前做准备,并报请有关单位批准,按计划施行。

g. 在河道中施工时,应划定足够的施工水域和拟定过往船只通行的措施,报请航道部门批准。对河床情况,除去探测外,还应向附近人员了解河道内有无特殊障碍,以便制订施工计划。在陆地施工时应充分考虑交通组织问题,应与铁道、公路及交通管理部门联系,并办理有关手续。

五、桥梁工程施工常备式结构与主要机具设备

(一)桥梁施工常备式结构

1. 钢管脚手架(支架)

根据钢管的连接、组合方式不同而产生了多种不同类型的脚手架,主要有扣件式、碗

扣式、门式脚手架等。扣件式钢管脚手架的特点是装拆方便,搭设灵活,能适应结构平面、立面的变化。

2. 拼装式常备模板

拼装式钢模、木模和钢木结合模板的构造都基本相同,均由底模、侧模和端模三部分组成。整体式模板是预制工厂的常备结构,常用于桥梁预制工厂的一些标准定型构件的生产。目前,组合式钢制定型模板在桥梁工程施工中也有使用。

组合式定型钢模板具有通用性强、可灵活组装、装拆方便、强度高、刚度大、尺寸精度高、接缝严密、表面光洁、适于组合拼装成大块、实现机械化施工、周转次数多(50次以上)、节约木材、降低成本等优点。

3. 万能杆件

万能杆件是用角钢制成的可拼成节间距为 2 m×2 m 的桁架杆件。万能杆件通用性强,各杆件均为标准件,装拆、运输方便,利用率高,可拼装成多种形式,也可作为墩台、索塔施工脚手架。万能杆件的构件一般有杆件、连接板、缀板三大部分。

4. 贝雷(贝雷梁)

贝雷是一种由桁架拼装而成的钢桁架结构。贝雷常拼成导梁作为承载移动支架,再配置部分起重设备与移动机具来实现架梁。贝雷主要构件有桁架、加强弦杆、横梁、桁架销、螺栓、支撑构件等。

(二)桥梁施工常用的起重机具设备

1. 扒杆

扒杆是一种简单的起重吊装工具,一般都是由施工单位根据工程的需要自行设计和加工制作的。扒杆可以用来升降重物、移动和架设桥梁等。常用的扒杆种类有独脚扒杆、人字扒杆、摇臂扒杆和悬臂扒杆。

2. 龙门架

龙门架是一种最常用的垂直起吊设备。在龙门架顶横梁上设行车时,可横向运输重物、构件;在龙门架两腿下设有缘滚轮并置于铁轨上时,可在轨道上纵向运输;在两脚下设能转向的滚轮时,则可进行任何方向的水平运输。

3. 浮吊

浮吊船是在通航河流上建桥的重要工作船。常用的浮吊有铁驳轮船浮吊和用木船、型钢及人字扒杆等拼成的简易浮吊。我国承建的孟加拉国吉大港帕德玛大桥主桥建造工程中,浮吊船的最大起重重量可达 1000 t。通常简易浮吊可以利用两只民用木船组拼成门船,用木料加固底舱,舱面上安装型钢组成的底板构架,上铺木板,其上安装人字扒杆制成。起重动力可使用双筒电动卷扬机一台,安装在门船后部中线上。制作人字扒杆的材料可用钢管或圆木,并用两根钢丝绳分别固定在民船尾端两舷旁钢构件上。吊物平面位置的变动由门船移动来调节,另外,还需配备电动卷扬机绞车、钢丝绳、锚链、铁锚作为移动及固定船位用。

4. 缆索起重机

缆索起重机是利用承载缆索上行走的起重小车进行吊运作业的起重机具。缆索起重机以柔性钢索作为大跨距架空承载构件,具有垂直运输和水平运输功能,用于较大空间范围内。

5. 架桥机

目前,我国使用的架桥机类型很多,其构造和性能也各不相同,最常用的有单梁式架桥机和双梁式架桥机两种类型。

单梁式架桥机的特点是:机械化程度较高,本身设有自动行驶的动力装置,能架桥、铺轨两用,轴重小,能自动行驶上桥对位,使用操作较安全、方便;机臂能做水平摆动,并可在隧道口架梁;能吊铺桥上 25 m 长的轨排及上渣工作;除端门架和支柱需拆卸外,其余基本上不需要解体运输,因此,整机组装和拆卸均较简单,并且不需要其他超重机械帮助。

双梁式架桥机的特点是:架桥机吊梁桁车可直接由运梁平车上起吊梁,不需换装;架梁时,因吊梁桁车可横向移动,因此,每片梁均能一次就位,而不需要人工在墩台上移梁;机臂能做水平转动;可在隧道口和隧道内架桥;机臂前后两端均能架梁,架桥机不需转向。此外,双梁式架桥机还自带发电设备,结构简单,操作方便,便于养护维修,适用于山区及地形复杂的道路铺设和架桥工作。

6. 汽车起重机

汽车起重机是装在普通汽车底盘或特制汽车底盘上的一种起重机,其行驶驾驶室与起重操纵室分开设置。这种起重机的优点是机动性好,转移迅速。缺点是工作时须支腿,不能负荷行驶,也不适合在松软或泥泞的场地上工作。汽车起重机的底盘性能等同于同样整车总重的载重汽车,符合公路车辆的技术要求,因而可以在各类公路上通行无阻。此种起重机一般备有上、下车两个操纵室,作业时必须伸出支腿保持稳定。起重量的范围很大,为8~1000t,底盘的车轴数,可为2~10根,是使用广泛的起重机类型之一。

六、桥梁工程施工现场安排

施工现场的施工安排工作,主要是为工程的施工创造有利的施工条件和物资保证。其具体内容如下:

(一)施工测量控制网的复测和加密

按照设计单位提供的桥位总平面图及测量控制网中给定的基线桩、水准基桩和保护桩等资料,在施工现场进行三角控制网的复测。并且根据桥梁的精度要求和施工方案,补充加密施工所需要的各种标桩,建立满足施工要求的工程测量控制网。

(二)"五通一平"

"五通一平"是指工程中为了合理有序施工进行的前期准备工作,一般包括通水、通电、通路、通信、通排水、平整土地。一般基本要求是"三通一平"即通水、通电、通路、平整土地。为满足采用蒸汽养生和寒冷冰冻地区取暖的需要,还需要考虑做好供热工作。

(三)建造临时设施

按照施工总平面图的布置,建造各种生产、办公、生活居住和储存等临时房屋,以及施工便道、便桥、码头、混凝土搅拌站和构件预制场等大型临时设施。由于临时设施的项目繁多,内容庞杂,因此建造时应精打细算,做好规划,合理地确定项目、数量和进度等。要因地制宜,降低造价,使之尽量标准化和通用化,以便于拆迁和重复利用。

(四)安装调试施工机具

按照施工机具需要量计划,组织施工机具的进场,并根据施工总平面图的布置将施工机具安置在规定的地点。对所有施工机具都必须在施工之前进行检查和试运转。

(五)原材料进场及验收

为了确保进入施工现场的材料符合规范要求,确保工程质量,应从原材料的采购进行控制,选择合格的供应商,保证所有同工程质量有关的物资采购时能满足规定的要求,做到比质比价,质量第一。进场材料由项目物资部、质保部联合按批次验收;原材料进场时必须资料齐全;钢筋、水泥等必须经复验合格。

项目部组织验收合格后,须报监理和甲方验收,通过后方可使用。未经检验和试验的材料,未经批准紧急放行的材料,经检验和试验不合格的材料,无标识或标识不清楚的材料,过期失效、变质受潮、破损和对质量有怀疑的材料等不得使用。当材料需要代用时,应先办理代用手续,经设计单位或监理单位同意认可之后才能使用。

(六)原材料的试验和储存堆放

按照材料的需要量计划,应及时提供材料试验如钢材的机械性能试验,预应力材料的力学性能试验,水泥、砂石等原材料的试验,以及混凝土的配合比试验等申请计划。材料的进场要及时组织,进场后应按规定的地点和指定的方式进行储存和堆放。

(七)做好夏、冬、雨季的施工安排

按照施工组织设计的要求,落实夏、冬、雨季的临时设施与技术措施,做好施工安排。

(八)落实消防和保安措施

建立消防和保安等组织机构,制定有关的规章制度,布置安排好消防、保安等措施。

七、桥梁工程安全文明施工和环境保护

(一)安全施工措施

桥梁工程施工常采用高处作业,由于高处作业危险性大,伴随着高处作业易发生坠落事故,因此必须认真采取防护措施,做好了防护工作和应急措施。

桥梁工程施工中的基本安全规定:①高桥、大跨、深水、结构复杂的大型桥梁施工,应对施工安全做专项调查研究,并制定相应的安全技术措施。单项工程(包括辅助结构、临时工程)开工前,应根据规定的安全操作细则向施工人员进行安全技术交底。②桥梁施工前,应对施工现场、机具设备及安全防护措施等进行全面检查,确认符合安全要求后方可施工。③手持式电动工具,应根据手持式电动工具的类别和作业场所的安全要求,加设漏电保护器。④桥梁施工中,采用多层作业或桥下通车、行人等立体施工时,应得到交通管理和市政部门的同意,并布设安全网。⑤对于通航江河上的桥涵工程,施工前应与当地港航监督部门联系,制定有关通航、作业安全事宜。⑥桥梁施工受气候环境因素影响很大。因此,应注意天气预报风力级别,高处露天作业及缆索吊装、大型构建等在起重吊装时,应该根据作业高度和现场风力大小对作业的影响程度,制定适于施工的风力标准。遇有六级(含六级)以上大风时,上述施工应停止作业。

(二)文明施工措施

同道路工程施工相同,文明施工能够展示施工单位的形象,体现了施工队伍素质,文明施工不仅可以体现当代建设者及建设单位的责任感,还能够提高施工质量,保证工程建设有序进行,具体规定同道路施工文明性的规定。

(三)环境保护措施

1. 水土保持措施

①桥梁施工水土保持措施。

基础施工,特别是钻孔过程中会有大量的泥浆水排放,为了防止污染水源,破坏环境,钻孔过程中的泥浆水先集中在泥浆池沉淀,符合要求后排放到工地的排水系统,严禁乱流乱淌。

②弃渣(土)场水土保持措施。

弃渣场选址应依据设计文件规划或与地方有关部门协商,并结合当地土地利用规划。一般选择在坡度较缓、易于形成坡度开发山坡荒地处,避开大面积汇水地带的滞留谷地。弃渣前先将地表熟土集中存放,砌筑片石挡渣墙,墙身设泄水孔,渣底预埋透水管道。必须先挡后弃,工程结束后对弃渣场进行平整,地面做必要的防护,把存放的熟土回填弃渣场顶部,植草复垦。

③防止水污染措施。

施工及生活废水的排放遵循清污分流、雨污分流的原则,各种施工废油、废液集中储积,集中处理,严禁乱流乱淌,防止污染水源,破坏环境。

④地表植被的保护。

合理规划施工便道、施工场地,固定行车路线、便道宽度,限制施工人员的活动范围,尽量少扰动地表、少破坏地表植被。

⑤维护生态平衡,避免人为恶化环境措施。

加强生态环境保护的宣传工作,使全体参建员工充分认识环境保护的重要性和必要性,加强环保意识,制订详细的环境保护措施,建立严格的检查制度,避免人为恶化环境。保护好桥址沿线的植被、水环境、大气环境、自然生态环境、土壤结构、自然保护区及野生动植物,维护生态平衡系统。

2. 生态环境保护措施

①临时工程环境保护。

便道、混凝土搅拌站及办公生活区的设置要合理、紧凑,严禁随意搭建,尽量减少对植被的损坏,不占用乡村道路。搅拌站等高噪音生产设施尽可能远离居民区或采取限时作业措施。施工场地周围预先开挖排水沟,做到排水畅通,场内不得积水、积污,应充分考虑其对原地面排水的影响,以免阻挡地表径流的排泄,影响当地居民的生产、生活。

②植被保护。

施工期间加强对施工人员保护自然资源及野生动植物的教育,限制施工人员和车辆的活动范围。施工便道选线和办公生活区、大型临时设施场地选址尽量少占或绕避林地、耕地,保护原有植被。对合同规定的施工界限外的植物尽力维护,工程完工后及时进行现场清理,复垦或绿化。

③施工中的环保措施。

注意夜间施工的噪音影响,尽量采用低噪音施工设备。不能使用不符合尾气排放标准的机械设备。做好当地水系、植被的保护工作,在施工时对路基边坡及时进行防护与植被绿化,施工车辆不得越界行驶,以免碾坏植被、庄稼、乡村道路等。施工便道、工棚及作业场地的布置,尽量维护自然面貌,少占荒地,少开挖,以保护自然植被。

④竣工后环境恢复措施。

工程完工后,将临时设施全部拆除,当地可以利用的,通过当地政府或环保部门的同意,协议转让。施工场地认真清理并收集施工垃圾运至指定的位置处理或就地掩埋。工程完工后,临时租用的土地立即复耕归还。工程竣工的同时,严格按照环保及生态环境保护的要求,对临时设施、施工工点、取弃土场以及其他施工区域范围做好环保及生态环境的恢复工作。

第二节 桥面构造

一、桥面布置形式

桥面构造包括行车道铺装、排水防水系统、人行道(或安全带)、缘石、栏杆、护栏、照明灯具和伸缩缝等。桥面构造直接与车辆、行人接触,虽然不是主要承重结构,但它对桥梁功能的正常发挥,对主要构件的保护,对车辆行人的安全以及桥梁的美观等都十分重要。因此,应对桥面构造的设计和施工给予足够的重视。

桥面布置应在桥梁的总体设计中考虑,它根据道路的等级、桥梁的宽度、行车要求等条件确定,在桥梁的总体设计中考虑。混凝土梁式桥的桥面布置可分为城市桥梁的桥面布置和高速公路桥梁的桥面布置。

(一)城市桥梁的桥面布置

1. 双向车道布置

即行车道的上、下行交通布置在同一桥面上。在桥面上,上、下行交通用画线分隔,没有明显的界限,由于在桥梁上同时存在上、下行机动车和非机动车,车辆只能中速或低速行驶,对交通量较大的道路,桥梁往往会造成交通滞流状态。

2. 分车道布置

即桥面上设置分隔带,使上、下行交通分隔,甚至机动车道与非机动车道分隔、行车道与人行道分隔设置。这种布置方式可提高行车速度,便于交通管理。

3. 双层桥面布置

即桥梁结构在空间上提供两个不在同一平面上的桥面构造。双层桥面布置可以使不同的交通严格分道行驶,提高了车辆和行人的通行能力,便于交通管理。同时,在满足同样交通要求时,可以充分利用桥梁净空,减小桥梁宽度,缩短引桥长度,取得较好的经济效益。

(二)高速公路桥梁的桥面布置

高速公路桥梁的桥面,一般采用分隔带或分离式主梁布置,使上、下行交通完全分开,减少行车干扰,提高车速。高速公路桥梁不设人行道与人行道护栏。

二、桥面铺装

(一)桥面铺装的作用及类型

桥面铺装的作用是防止车轮直接与混凝土桥面接触使混凝土行车道板面受到磨损、分布车轮压力以减少荷载对桥面板的作用力、保护混凝土桥面板及主梁防止混凝土及钢筋的腐蚀、提高行车的舒适度,增加了桥梁美观。因此,桥面铺装应具有抗车辙、行车舒适、抗滑、不透水、刚度好和与桥面板结合良好等特点。

桥面铺装可采用水泥混凝土、沥青表面处治和沥青混凝土等各种类型。沥青表面处治桥面铺装,耐久性较差,仅在中级或低级公路桥梁上使用。水泥混凝土和沥青混凝土桥面铺装性能良好,应用较广。

水泥混凝土的耐磨性能好,适合重载交通。水泥混凝土桥面铺设直接铺设在防水层或桥面板上,层厚不宜小于8cm,其强度等级不应低于C40,铺设时应避免二次成形。水泥混凝土铺装层内应配置钢筋,钢筋直径不应小于8amm,间距不宜大于10cm。

考虑到大桥和特大桥中,因结构体系的原因,桥面板常受拉、压应力的交替作用,为防止桥面铺装参与受力而导致开裂,现行《公路桥函设计通用规范》推荐在高速公路、一级公路上的特大、大桥宜采用沥青混凝土桥面铺装。

(二)桥面纵横坡设置

桥面上设置纵坡有利于排水、同时,在平原地区,还可以在满足桥下通航净空要求的前提下,降低墩台标高,减少引桥垮长或桥头引道土方量,从而节省工程费用。桥面的纵坡,一般都做咸双向纵坡。

为了迅速排水,桥嗓除设有纵向坡度外,尚有将桥面铺装层的表面沿横向设置成1.5%~2%的双向横坡,横坡的设置有三种形式。

(1)对于板式桥或者是就地浇注的肋梁式梁桥,为节省铺装材料减轻重力,可以将横坡直接设在增台顶部而做成倾斜的桥面板,铺装层可以做成等厚的,而不需要设置混凝土三角垫层,可节省铺装材料并减轻恒载。

(2)对于装配式肋梁桥,为使主梁构造简单,架设和拼装方便,通常横坡不需要设置在暖台上,而是通过行车道板上铺设不等厚的铺装层以构成桥面的横坡。

(3)在较宽的桥梁中,用三角垫层设置横坡将使混凝土用量与恒载增加过多,为此,也可直接将行车道板做成倾斜而形成横坡。

三、桥面防水和排水

(一)防水层的设置

桥面的防水层,设置在行车道铺装层下边,它将透过铺装层渗下的雨水汇集到排水设备(泄水管)排出。对于防水程度要求高,或桥面板位于结构受拉区可能出现裂纹的混凝土梁式桥上,应在铺装内设置防水层。

防水层有三种类型,分述如下。

（1）沥青涂胶下封层，即洒布薄层沥青或改性沥青，其上布一层砂，经碾压形成。

（2）高分子聚合物涂胶，例如，聚氨酯胶泥、环氧树脂、阳离子乳化沥青和氯丁胶乳等。

（3）沥青或改性沥青防水卷材，以及浸渍沥青的无纺土工布等。

设计时应选用便于施工、坚固耐久、质量稳定的防水材料。为避免防水层在施工过程中被破坏，其上宜铺设厚度1cm的AC-10或AC-5沥青混凝土或单层表面处治。

当采用柔性防水层（使用卷材）时，为了增强桥面铺装的抗裂性，应在其上的混凝土铺装层或垫层中铺设币 φ3~φ6 的钢筋网，网格尺寸为 15cm×15cm 或 20cm×20cm。无专门防水层时，应采用防水混凝土铺装或加强排水和养护。

（二）桥面排水系统

为了迅速排除桥面积水，防止雨水积滞于表面并渗入梁体而影响桥梁的耐久性，在桥梁设计时除了通过纵横坡和排水外，还要有一个完整的排水系统。

排水系统由多个泄水管组成。泄水管的布置与桥面纵坡和桥梁长度有关。通常当桥面纵坡大于2%，而桥长小于50m时，一般能保证从桥头引道上排水，桥上就可以不设泄水管。此时，可在引道两侧设置流水槽，以免雨水冲刷引道路基。

泄水管可沿行车道两侧左右对称排列，也可交错排列。泄水管也可布置在人行道下面。

1. 泄水管

梁式桥上常用的泄水管宜设置在桥面行车道边缘处，距离缘石 10~50cm，沿行车道两侧可以对称排列，也可以交错排列。

泄水口的间距应依据设计径流量计算来确定，但最大间距不宜超过20m。通常当桥面纵坡大于2%面桥长小于50m时，桥上可以不设泄水管，此时，可在引道两侧设置流水槽，以免雨水冲刷路基；当桥面纵坡大于2%而桥长大于50m时，桥上每隔 12~15m 设置一个泄水管；当桥面纵坡小于2%时，应每隔 6~8m 设置一个泄水管。另外，在桥梁伸缩缝的上游方向应增设泄水管，在凹型竖曲线的最低点及前后 3~5m 处也应各设一个泄水管，桥面上泄水管的过水面积按每平方米桥面 2~3cm^2 来布置。

泄水管可采用圆或矩形。圆形泄水管口的直径宜为 15~20cm；矩形泄水管口的宽度宜为 20~30cm，长度为 30~40cm。泄水管口顶部采用铸铁格栅盖板，其顶面应比周围路面低 5～10mm。

泄水管长采用铸铁管或塑料管,最小内径为 15cm。泄水管周围的桥面板应配置补强钢筋网。

对于跨越一般河流、水沟的桥梁,桥面水流入泄水管后可直接向下排放;对于一些跨径不大、不设人行道的小桥,可以直接在行车道两侧的安全带或路缘石上预留横向孔道,用铁管或竹管将水排出桥外,管口要伸出构件 2～3cm 以便滴水,但采用这种做法,缺点是孔道容易淤塞。

2. 排水管或排水槽

排水管材料有铸铁管、塑料管(聚氯乙烯 PVC 或聚乙烯 PE)或钢管,其内径应等于或大于泄水管的内径。排水槽宜采用招质或钢质材料,也可采用水泥混凝土预制件,其横截面为矩形或 U 形,宽度和深度均宜为 20cm 左右。纵向排水管或排水槽的坡度不得小于 0.5%。桥梁伸缩缝处的纵向排水管或排水槽,应设置可供伸缩的柔性套筒。寒冷地区的竖向排水管,其末端宜距地面 50cm 以上。

跨越公路、铁路、通航河流的桥梁以及城市桥梁,流入泄水管中的雨水,应汇集在纵向排水管(或排水槽)内,并通过设在墩台处的竖向排水管(落水管)流入地面排水设施或河流中。

四、桥面伸缩缝

(一) 伸缩缝的作用及基本要求

桥面伸缩装置的主要作用是适应桥梁上部结构在气温变化、活载作用、混凝土收缩徐变等因素的影响下变形的需要,并保证车辆通过桥面时平稳。一般设在两梁端之间以及梁端与桥台背墙之间。特别要注意,在伸缩缝附近的栏杆、人行道结构也应断开,以满足梁体的自由变形。

桥梁的变形量的大小,主要是考虑以伸缩装置安装时的温度为基准,由温度变化引起的伸缩量和混凝土的徐变、收缩所引起的伸缩量作为基本伸缩量。

对于其他因素,例如,梁端的转角变位、安装时的偏差等,一般都作为安全储备和构造上的需要来考虑。通常在基本伸缩量的基础上,再增加 20% 的安全储量即可。

(二)常用伸缩缝的构造

1. 镀锌铁皮伸缩缝

对于中小跨径的桥梁,当变形量在20～40mm时,常采用以锌铁皮为跨缝材料的伸缩缝构造。弯成U形断面的长条锌铁皮分上下两层,上层的弯形部分开凿了孔径为0.6cm、孔距为3cm的梅花眼,其上设置石棉纤维垫绳,然后用沥青胶填塞。这样,当桥面伸缩时,锌铁皮可随之变形,下层U锌铁皮可将渗下的雨水沿横向排出桥外。

2. 钢板伸缩缝

对于梁端变形量较大(40～60mm及以上)的情况,可采用钢板为跨缝材料的伸缩缝构造。此为钢疏齿板型伸缩装置,多用于中、大型桥梁。

3. 橡胶伸缩缝

橡胶作为伸缩缝的填嵌材料,既富于弹性,又易于胶贴(或胶接),能满足变形要求并兼备防水功能。

按照伸缩体结构不同,桥梁橡胶伸缩装置可分为纯橡胶式、板式、组合式和模数式四种,其选型主要根据桥梁变形量的大小和活载轮重面定,目前最大的伸缩量可达2000mm。当梁架好后,在端部焊好角钢,涂上胶后,再将橡胶嵌条强行嵌入,伸缩量为20～50mm。

桥梁伸缩装置暴露在大气中,直接经受车辆或人群荷载的反复摩擦、冲击作用,稍有缺陷或不足,就会引起跳车等不良现象,严重时还会影响到桥梁结构本身和通行者的生命安全,是桥梁中最易损坏而又较难修缮的部位。需要经常维护,清除缝内杂物,并及时更换。

对于多跨简支梁桥,桥面应做到尽量连续,使得多孔简支梁在竖直荷载作用下的变形形态为简支或部分连续体系,而在纵向水平力作用下则属于连续体系。但经验表明,采用桥面板连续构造,连续部分桥面易开裂,因此近年来发展了简支-连续结构,使多跨简支梁在一期恒载作用下处于简支体系受力,在二期恒载和活载作用下处于连续体系的受力。这种简支-连续结构具有施工方便、减少桥面伸缩、行车平顺等优点,因此得到越来越广泛的使用。

五、人行道、栏杆、灯柱和护栏

(一) 人行道

位于城镇和近郊的桥梁均应设置人行道,其宽度和高度应根据行人的交通流量和周围环境来确定。人行道的宽度为 0.75m 或 1m,当宽度要求大于 1m 时,按 0.5m 的倍数增加。在快速路、主干路、次干路或行人稀少地区,若两侧无人行道,则两侧应设安全带,宽度为 0.50~0.75m,高度不小于 0.25m。近年来,在不少桥梁设计中,为了保证行车的安全,安全带的高度已经用到 0.4m 以上。

人行道顶面应做成倾向桥面 1%~1.5% 的排水横坡,城市桥梁人行道顶面可铺彩砖,以增加美观。此外,人行道在桥面断缝处必须做伸缩缝。

人行道的构造形式多种多样,根据不同的施工方法,有就地浇注式、预制装配式、部分装配和部分现浇的混合式。其中,就地浇注式的人行道现在已经很少采用。而预制装配式的人行道具有构件标准化、拼装简单化等优点,在各种桥梁结构中应用广泛。

(二) 栏杆

桥梁栏杆设置在人行道上,其重要功能在于防止行人和非机动车辆掉入桥下。其设计应符合受力要求,并要注意美观,高度不应小于 1.1m。应注意,在靠近桥面伸缩缝处所有的栏杆均应断开,使扶手与柱之间能自由变形。

(三) 灯柱

在城市桥上以及城郊行人和车辆较多的公路桥上,都要设置照明设备。桥梁照明应防止眩光,必要时应采用严格控光灯具,而不宜采用栏杆照明方式。对于大型桥梁和具有艺术、历史价值的中小桥梁的照明应进行专门设计,既满足功能要求,又顾及艺术效果,并与桥梁的风格相协调。

照明灯柱可以在栏杆扶手的位置上,在较宽的人行道上也可设在靠近缘石处。照明用灯一般高出车道 8~12m。钢筋混凝土灯柱的柱脚可以就地浇筑,并将钢筋铺固于桥面中。铸铁灯柱的柱脚可固定在预埋的锚固螺栓上。照明以及其他用途所需的电讯线路等,通常都从人行道下的预留孔道内通过。

(四) 护栏

为了避免机动车辆碰撞行人和非机动车辆的严重事故的发生,对于高速公路、汽车专用一级公路上的特大桥,大、中桥梁,必须根据其防撞等级在人行道与车行道之间设置桥梁护栏。一般公路的特大及大、中桥梁在条件许可的情况下也应设置。在有人行道的桥梁上,应按实际需要在人行道和行车道分界处,设置汽车与行人之间的分隔护栏。

桥梁护栏按构造特征,可分为梁柱式护栏、钢筋混凝土墙式护栏和组合式护栏。可采用的材料有金属(钢、招合金)和钢筋混凝土。

桥梁护栏形式的选择,首先应满足其防撞等级的要求,避免在相应设计条件下的失控车辆跃出,同时还应综合考虑公路等级、桥梁护栏外侧危险物的特征、美观、经济性以及养护维修等因素。例如,在美观要求较高或积雪严重的地区,宜采用梁柱式或组合式结构;钢桥为了减轻恒载,宜采用金属制护栏。组合式护栏兼有钢筋混凝土墙式护栏的坚固和金属制柱式护栏美观的优点,在我国高速公路的桥梁上普遍被采用。

第三节 拱桥设计与构造

一、拱桥的施工要点

石拱桥、现浇混凝土拱桥及混凝土预制块砌筑的拱桥,均采用有支架的施工方法修建。在此,只对拱架、拱圈及拱上建筑的施工要点进行介绍。

(一)拱架

砌筑石拱桥(或预制混凝土块拱桥)及就地浇筑混凝土拱圈时,均要搭设拱架,其作用在于支承全部或部分拱圈和拱上建筑的重量和保证拱圈的形状符合设计要求。因此要求拱架应具有足够的强度、刚度和稳定性。但它又是临时结构,因此要求构造简单,易于制作,节省材料且便于拆卸。

(二)拱架的形式和构造

拱架按形式可分为满布式拱架、拱式拱架等;按所用材料可分为木拱架、钢拱架和土木材。它通常由拱架上部(拱盔)、卸架设备、拱架下部(支架)三部分组成。常用的形式有:

1. 立柱式

立柱式拱架的形式及其组成:上部由斜梁、立柱、斜撑和拉杆等组成的拱形桁架,下部由立柱及横向联系（斜夹木、水平夹木）组成的支架，上下部之间放置卸架设备（木楔或砂筒）。斜梁上钉弧形垫木以适应拱腹的曲线形状。斜梁和弧形垫木又合称为弓形木。弓形木支承在立柱或斜撑上，长度一般为 1.5～2.0 m；弓形木上设置横梁，其间距一般为 0.6～0.7 m，上面再纵向铺设模板，其厚 0.02～0.04 m；当拱架横向间距较密时，亦可不设横梁而直接在弓形木上面铺设 30～50 mm 厚的横板。

立柱间距一般在 1.5～5.0 m 之间，视桥梁跨径及承受拱圈重量而定。拱架在横桥方向的间距一般为 1.2～1.7 m，拱架各片之间设置横向联系（水平及斜向夹木）以增强横向稳定性。立柱式拱架适用于跨度和高度不大的拱桥。

立柱式拱架的优点是刚度大、稳定可靠、构造简单、制作容易，在跨中设置支撑不困难的情况下，应用较普遍。缺点是木材用量大，在水深、流急、漂浮物较多及施工期间不断航的河道上不能采用。

2. 撑架式

用少数框架式支架加斜撑来代替数目众多的立柱，可少用木材，有一定的通航空间，减少洪水及漂流物的威胁。

在施工中要求上述两种形式的拱架各连接处应精密制作，连接紧密，使拱架具有足够的强度、刚度和稳定性，以保证拱架在荷载作用下变形最小且变形曲线圆顺。

3. 拱式拱架

拱式拱架不受洪水、漂流物的影响，在施工期间能维持通航，适用于墩高、水深、流急或要求通航的河流。三铰桁式拱架是常用的一种形式，材料用量少，但要求有较高的施工水平和架设能力。三铰桁式拱架结构形式很多，按腹杆的形式常用的有 N 式、V 式和有反向斜杆的交叉式等。三铰桁式拱架的纵、横向稳定的保证，除加强纵横向联系外，还需设抗风缆索，以加强整体稳定性。

4. 钢拱架

钢拱架能节省大量木材，而且装拆、运输方便，能重复利用。钢拱架的主要缺点是弹性变形和由温度引起的变形比木拱架大，且钢拱架和拱圈的膨胀系数不相等，如果拱圈分段的空缝位置设置不妥当，当温度变化较大时，容易使拱圈发生开裂。钢拱架又可以分为梁式钢拱架和可移动式钢拱架。

梁式钢拱架用工字钢做成，上垫弓形木。当支架间的距离较大时，可用桁架代替工字钢。

当桥位比较平坦或常水位不高且河床平坦时,也可采用着地可移动式的钢拱架。整个拱架由万能杆件拼装而成,待上游半幅拱箱合拢后,再通过滑轨平移至下游半幅处重复使用,从而大大节省支架。

(三) 拱架的制作、安装及卸落

拱架应具有足够的强度、刚度和整体稳定性。因此,在计算荷载作用下,拱架解耦股应按受力程序分别验算其强度、刚度和稳定性。拱架的施工程序一般为:放出拱架大样→制作杆件样板→杆件加工→试拼→修改→安装。满布式拱架是在桥孔内逐杆安装,三铰桁式拱架均采用整片吊装安装。安装时应及时测量,保证设计尺寸要求,注意安全。

为了使拱圈在卸架时能够逐渐地、均匀受力,在拱架上部和下部之间需设置卸架设备。常用的设备有木楔和砂筒两种。中、小跨径多用木楔或木凳,大跨径或拱式拱架多用砂筒或其他专用设备(如千斤顶等)。

简单木楔,由两块 1∶6～1∶10 斜面的硬木楔形块组成。落架时用锤轻击木楔小头,将其取出,即使拱架下落。组合木楔在卸架时只要扭松螺栓,木楔即徐徐下落,它可用于 40 m 以下的满布式拱架和 20 m 以下的拱式拱架。卸架木凳(木马),适用于跨径 15 m 以内的拱桥。卸架时只要沿特定方向锯去木凳的两个边角,则在拱架自重作用下,木凳被压陷,则拱架随之下落。卸架砂筒是从泄砂孔将沙子均匀泄出,则活塞下落,使拱架随之下落。所用的砂子应颗粒均匀、干燥、清洁。

二、拱圈及拱上建筑施工

(一) 拱圈砌筑程序

砌筑拱圈前,必须对拱架进行全面检查,注意支撑是否稳固,杆件接头是否紧密,并铰核模板顶面标高。砌筑拱圈时,拱架随着荷载的增加而变形。如果砌筑方法不当,拱架变形将改变共轴线的形状,在拱架变形突变的地方,引起拱圈砌缝开裂。所以,更具跨径的大小,拱圈的砌筑一般采用以下几种方法:

1. 连续砌筑法

适用于砌筑跨径小于 16 m 的满布式拱架施工。砌筑时按拱圈的全厚和全宽,同时由拱脚两端开始连续对称地向拱顶砌筑,在拱顶进行合拢。对于跨径不大于 10 m 的拱式拱架施工,应在砌筑拱脚的同时,并在拱顶部分堆压适当数量的拱石,以保持平衡。为防止拱圈合拢前变形而引起拱脚及 1/4 点裂缝,可在拱脚处设置空缝;如果在拱顶合拢时拱脚砌缝尚未凝固,在拱脚处则不必设置空缝。

2. 分段砌筑法

当拱桥跨径较大时,如果采取由拱脚向拱顶连续砌筑,则在砌筑拱脚段时,因拱石重力使该段拱架下沉,而拱顶部分则受两边拱石重力的挤压而向上隆起。当连续砌到拱顶时,拱架中部转为下沉,拱跨 1/4 处隆起,使拱圈轴线与设计拱轴线偏离较大,增加拱圈附加内力,或引起灰缝的开裂,所以一般采用分段砌筑法,即全拱分为数段,同时对称砌筑,以保持拱架受力平衡。当跨径在 16~25 m 之间采用满布式拱架施工或跨径在 10~25 m 之间采用拱式拱架施工,可采用半跨分成三段的分段对称砌筑方法。

分段砌筑时,在分段接头处设置缺口或空缝。缺口设在拱圈斜度较陡处(拱脚至 1/4 处),长 0.8~1.0 m。空缝设在拱圈斜度较缓处(拱顶跨长 1/3 范围),缝宽 3~4 cm。

拱圈斜度较陡处拱石容易下滑,此时应在拱圈全宽范围内设置三脚架支撑挡板。缺口的封填,可先拆除一部分支撑,砌筑拱石封口,待砂浆凝固后再拆去另一部分支撑,继续封填缺口。空缝的尺寸,除两侧及拱腹面上 10 cm 深的缝宽仍按原设计灰缝宽度砌筑外,其余部分做成 3~4 cm 宽,以便灌浆。空缝的填塞,可同时进行或由拱脚逐次向拱顶对称进行。填塞时,每层的灌浆厚度为 10 cm 左右,并加强振捣。

3. 分环分段砌筑法

对于较大跨径的拱桥,当拱圈较厚、由三层以上拱石组成时,可以将拱圈分成几环砌筑,砌筑一环,合拢一环。分段处一般应设置在拱架挠曲线有转折及拱圈弯矩比较大的位置,如拱顶、拱脚及拱架的节点处。当下环砌筑完毕并养护数日后,砌缝砂浆达到一定强度时,再砌筑上环。当一环砌完合拢后,拱圈就可以起到拱的作用,并可与拱架共同承担第二环拱圈的重力。对于石拱桥,分段间应预留 30~40 mm 的主缝或设置木撑架,混凝土拱圈则应在分段间设混凝土挡板(端模板),待拱圈砌筑后再用砂浆(或埋入石块、浇筑混凝土)灌缝。

上、下环间拱石应犬牙交错,每环可分段砌筑,当跨径大于 25 m 时,每段长度一般不超过 8 m,段间可设置空缝或闭合楔。对分段较多和分环砌筑的拱圈,为使拱架受力对称、均匀,可在拱跨的两个 1/4 处或在几处同时合拢。

4. 多孔拱桥砌筑法

如果多孔拱桥桥墩不是按单向推理设计,拱圈的砌筑应考虑单向推力的作用,并在砌筑程序上采取适当措施。砌筑拱圈时,在拱顶预留一缺口,待拱圈的所有缺口和空缝全部填封后,再封闭拱顶缺口,称为合拢。宫阙合拢时,应按照设计的合拢温度进行合拢。当无设计规定时,宜采取当地的年平均温度。合拢时,可在拱顶缺口内直接用拱顶石及砂浆砌筑。

(二)混凝土、钢筋混凝土拱圈

在支架上就地浇筑拱圈可分为三个阶段:第一阶段浇筑拱圈或拱肋混凝土;第二阶段浇筑拱上立柱、联系梁及横梁等;第三阶段浇筑桥面系。后一阶段的混凝土浇筑应在前一阶段混凝土强度达到规定设计强度等级后进行。拱圈或拱肋的拱架,可在混凝土强度达到设计强度等级的70%以上时,在第二阶段或第三阶段开始施工前拆除,但应对拆除后拱圈的稳定性进行验算。

主拱圈根据跨径的不同分为连续浇筑、分段浇筑和分环、分段浇筑。

1. 连续浇筑

跨径在16 m以下的混凝土拱圈或拱肋,拱圈高度较小,全桥混凝土的数量也较小,因此主拱可以从两拱脚开始连续对称地向拱顶浇筑,在混凝土失去可塑性之前完成混凝土的浇筑。当混凝土数量多而不能在限定时间内完成,则需在两拱脚处留出隔缝,最后浇筑成拱。

2. 分段浇筑

对跨径在16 m以上的混凝土拱圈或拱肋,为避免先浇筑的混凝土由于拱架的下沉而开裂,减小混凝土的收缩力,可沿拱跨方向分段浇筑,各段之间留有间隔槽。这样,在拱架下沉时,拱圈各阶段有相对活动的余地,从而避免拱圈开裂。

拱段的长度一般取6~15 m,划分拱段时应使拱顶两端保持对称、均匀。间隔槽宽0.5~1.0 m,一般宜设在拱架受力的反弯点、拱架节点处、拱顶或拱脚。拱段的浇筑程序应符合设计要求,在拱顶两侧对称进行,以使拱架变形保持均匀和最小。

间隔槽应在拱圈各段混凝土浇筑完成且强度达到设计强度等级的70%以上后进行,浇筑的顺序可从拱脚开始向拱顶对称进行,在拱顶浇筑间隔槽使拱合拢。拱的合拢温度应符合设计规定,一般应接近当地的年平均温度或在5℃~15℃之间为宜。为加速施工进度,间隔槽混凝土可采用比拱圈混凝土高一级的半干硬性混凝土。

3. 分环、分段浇筑

对大跨径钢筋混凝土拱圈,为减轻拱架负重,通过计算可采用分环浇筑混凝土,即将拱圈高度分成二环或三环,先分段浇筑下环混凝土,分环合拢,再浇筑上环混凝土。下环混凝土达到设计强度后,与拱架共同承担后浇混凝土的重量,可节省支架。

分环分段浇筑也可采用先分环分段浇筑,最后一次合拢。上、下环间隔槽相互对应、贯通,一般宽度取 2 m 左右,有钢筋接头的槽宽可取用 4 m。

(三)拱上建筑的施工

拱上建筑(拱上结构)是指桥面系及其与拱圈之间的传力构件或填充物的统称。

拱上建筑施工的基本要点是,拱上建筑随在拱圈合拢、混凝土或砂浆达到设计强度 30% 以后进行。对于石拱桥,一般不少于合拢后 3 天。

拱上建筑的施工,应避免主拱圈产生过大的不均匀变形。实腹拱拱上建筑应由拱脚向拱顶对称地砌筑,当侧墙砌筑好以后,再填筑拱腹填料及修建桥面结构等。空腹式拱桥一般是在腹孔墩砌完后就卸落拱架,然后再对称地均衡砌筑腹拱圈,以免由于主拱圈的不均匀下沉而使腹拱圈开裂在多孔连拱中,当桥墩不是按单向受力墩设计时,仍应注意相邻孔间的对称均衡施工,以免桥墩承受过大的单向推力而出问题,特别是在裸拱圈上修建拱上结构的多孔连拱时,更应注意。

三、拱桥缆索吊装施工

(一)缆索吊装设备

在峡谷或水深流急的河段上或在需通航的河流上或在洪水季节施工并受漂流物影响等条件下建桥,就宜考虑无支架的施工方法。

施工工序大致包括:拱肋(箱)的预制、移运和吊装、主拱圈的砌筑、拱上建筑的砌筑、桥面结构的施工等主要工序。除缆索吊装设备、拱肋(箱)的预制、移运和吊装、拱圈的砌筑外,其余工序均与有支架施工方法相同(或相近)。下面主要介绍缆索吊装施工,其基本内容也可用于其他无支架施工方法。

按其用途和作用,主要设备有:

1. 主索

亦称为承重索或运输天线。它横跨河面,支承在两侧塔架的索鞍上,两端锚固于地锚,吊运构件的行车支承于主索上。主索的截面积(根数)根据吊运构件的重量、垂度、计算跨径等因素由计算确定。横桥向主索的组数,可根据桥面宽度(两外侧拱肋间的距离)、塔架高度(塔架高度越大,横移构件的宽度范围就相应的增大)及设备供应情况等合理选择,一般可选 1~2 组。每组主索可由 2~4 根平行钢丝绳组成。

2. 起重索

用来控制吊物的升降(即垂直运输),一端与卷扬机滚筒相连,另一端固定于对岸的地锚上。这样,当行车在主索上沿桥跨往复运行时,可保持行车与吊钩间的起重索长度不随行车的移动而改变。

3. 牵引索

为牵引行车在主索上沿桥跨方向移动(即水平运输),故需在行车两端各设置一根牵引索。这两根牵引索的另一端既可分别连接在两台卷扬机上,也可合拴在一台双滚筒卷扬机上,便于操作。

4. 结索

用于悬挂分索器,使主索、起重索、牵引索不致相互干扰。它仅承受分索器(包括临时作用在它上面的工作索)的重力及自重。

5. 扣索

当拱肋分段吊装时,需用扣索悬挂端肋及调整端肋接头处标高。扣索的一端系在拱肋接头附近的扣环上,另一端通过扣索排架或塔架固定于地锚上。为了便于调整扣索的长度,可设置手摇绞车及张紧索。

6. 浪风索

亦称缆风索,用来保证塔架、扣索排架等的纵、横向稳定及拱肋安装就位后的横向稳定。

7. 塔架及索鞍

塔架是用来提高主索的临空高度及支承各种受力钢索的重要结构。塔架的形式是多种多样的,按材料可分为木塔架和钢塔架两种。

木塔架的构造简单,制作、架设均很方便,但用木材数量较多。木塔架一般用于高度在20 m以下的场合。当高度在20 m以上时,较多采用钢塔架。钢塔架可采用龙门架式、独脚扒杆式或万能杆件拼装成的各种形式。

塔架顶上设置了为放置主索、起重索、扣索等用的索鞍,它可以减小钢丝绳与塔架的摩阻力,使塔架承受较小的水平力,并减少钢丝绳的磨损。

8. 地锚

亦称地垄或锚碇,用于锚固主索、扣索、起重索及绞车等。地锚的可靠性对缆索吊装的安全有决定性影响,设计和施工都必须高度重视。按照承载能力的大小及地形、地质条件的不同。地锚的形式和构造可以是多种多样的。条件允许时,还可以利用桥梁墩、台作锚碇,这就能节约材料,否则需设置专门的地锚。

(二)拱圈(肋)的预制

板拱、肋拱、箱拱和双曲拱桥,虽构造上有所不同,但在预制、运输、吊装等工序上的要求和方法大致相同,下面以箱形拱桥为例介绍拱圈制作工艺。

为了预制方便和减轻安装重量,先把箱形截面主拱圈从横向划分成若干根箱肋,再从纵向划分为数段,待拱肋拼装成拱后,再在箱壁间用现浇混凝土的方法连接各箱肋节段,其预制多采用组装预制的方法,施工主要步骤如下:①按设计图的尺寸,对每一个吊装节段进行坐标放样。在放样时,应注意各接头的位置,力求准确,以减少安装困难。②在拱箱节段的底模上,将侧板(箱壁)和横隔板安放就位,并绑扎好接头钢筋,然后浇底板混凝土及接缝混凝土,组成开口箱。③若采用闭口箱时,便在开口箱内立顶板的底模,绑扎底板的钢筋,浇筑顶板混凝土,组成闭口箱。待节段箱肋混凝土达到设计强度后即可移运拱箱,以便进行下一节段拱箱的预制。

(三)拱肋的吊装

为了保证拱肋吊装的稳定和安全,必须遵循以下规定:①缆索吊机在吊装前必须按规定进行试拉和试吊。②拱肋吊装时,除拱顶段以外,各段应设一组扣索扣挂。③扣索位置必须与所扣挂的拱肋在同一竖直面内,且扣索上索鞍顶面高程应高于拱肋扣环高程。④对于中小跨径的箱形拱桥,当其拱肋高度大于0.009~0.012倍跨径,拱肋底面宽度为肋高的0.6~1.0倍,且横向稳定安全系数不小于4时,可采用单肋合拢,嵌紧拱脚后,松索成拱。⑤拱肋分3段或5段拼装时,至少应保持2根基肋设置固定风缆,拱肋接头处应设横向联结。

四、拱桥无支架施工

与工拱桥采用有支架施工,耗用大量的支架和模板,且施工工期长,特别是大跨径桥梁显得极不经济,而且还受到桥位地形、通航等条件的限制。随着大跨径钢筋混凝土轻型拱桥的发展,目前普遍采用无支架的施工方法,无支架施工主要包括悬臂拼装、转体施工等。

(一)悬臂施工方法

拱桥悬臂施工是将拱圈、立柱与临时斜拉(压)杆、上拉杆组成桁架,用拉杆或缆索锚固于台后(一般锚固于岩石上),向河中悬臂逐节施工,最后于拱顶合拢。

拱桥悬臂施工方法,根据拱圈构件或上部结构的制作方式,可分为悬臂浇筑和悬臂拼装两大类;按施工过程中拱圈的支承方式,又可分为塔架斜拉索法、斜吊式现浇法、刚性骨架与塔架斜拉索联合法、悬臂桁架法。

1. 塔架斜拉索法

塔架斜拉索法的施工要点是在拱脚墩、台处安装临时的钢或钢筋混凝土塔架,用斜拉索(或斜拉粗钢筋)一端拉住拱圈节段,另一端绕向台后并锚固于岩石上,逐段向河中悬臂架设,直至拱顶合拢。

2. 斜吊式悬臂浇法

斜吊式悬臂浇法是借助于专用挂篮、结合使用斜吊钢筋的斜吊式悬臂施工。

该拱桥拱肋除第一段(15 m)用斜吊支架现浇混凝土外,其余各段均用挂篮现浇施工。斜吊杆可以用钢丝束或预应力粗钢筋。架设过程中,作用于斜吊杆的力通过布置在桥面板上的临时拉杆传至岸边的地锚上。

(二)转体施工法

转体施工是在河流的两岸或适当的位置,利用地形或使用简便的支架先将半桥预制完成,以后以桥梁结构本身为转动体,通过一些机械设备分别将两个半桥转体到桥位轴线合拢成桥。目前,转体施工已应用在拱桥、梁桥、斜拉桥、斜腿刚架桥,一般使用于单孔或三孔的桥梁。

用转体施工法修建大跨径桥,可不必搭设费用昂贵的支架,减少安装架设工序,将复杂的、技术性强的高空作业和水上作业变为在岸边的陆上作业,施工安全、质量可靠,同时不影响桥下的通航、泄洪及行车,具有良好的技术经济效益和社会效益。

转体施工可以采用平面转体、竖向转体或平竖结合转体等形式。

1. 平面转体

按照桥梁的设计标高先在两岸边预制半桥,当预制构件达到设计强度后,借助转动设备在水平面内转动至桥位中线合拢成桥。由于是平面转动,因此半桥的预制标高要准确,通常需要在岸边适当的位置先做模架,然后在模架上预制。模架可以采用简单的支架,也可以做成土牛胎直接支承预制件。由于在岸边施工,模架的构造和施工较方便。

平面转体施工可分为有平衡重转体和无平衡重转体。

(1)有平衡重平面转体

有平衡重平面转体一般以桥台背墙作为平衡重,并作为桥体上部结构转体时拉杆(或拉索)的锚碇反力墙,用以稳定转动体系和调整重心位置。因此,平衡重部分不仅在桥体转动时作为平衡重,而且也要承受桥梁转体重量的锚固力。拱桥的有平衡重转体施工受到转动体系重量的限制,过大的平衡重不经济,一般适用于跨径在100 m以内的拱桥。

有平衡重的转体施工的特点是转体重量大,施工的关键是转体。把数百吨重的转动体系顺利、稳妥地转到设计位置,一要依靠正确的转体设计,二要有灵活可靠的转动装置,并布设牵引驱动系统。

目前,国内使用的转动装置有两种:一是以四氟乙烯作为滑板的环道平面承重转体;二是以球面转轴支承辅以滚轮的轴心承重转体。

转动体系主要由底盘、上盘、背墙、桥体上部构造、拉杆(或拉索)组成。底盘和上盘都是桥台基础的一部分,底盘和上盘之间设有能使其相互间灵活转动的转体装置。背墙一般是桥台的前墙,拉杆一般是拱桥的上弦杆(桁架拱、刚架拱),或临时设置在体外拉杆钢筋(或扣索钢丝绳)。

(2)无平衡重转体施工

无平衡重转体施工不需要平衡重结构,而是以两岸山体岩土作为锚固装置,用以锚固半跨桥梁悬臂状态时产生的拉力,并在立柱的上端作转轴,下端作转盘,通过转动体系进行平面转体。由于撤销了平衡重,大大减轻了转动体系重量,减少了与工数量,为桥梁转动施工向大跨径发展开辟了新的途径。

根据桥位两岸的地形,无平衡重转体可以把半跨拱圈分为上、下游两个部件,同步对称转体;或在上、下游分别在不对称的位置上预制,转体时先转到对称位置,再对称同步转体,以使扣索产生的横向力相互平衡;或直接做成半跨拱体,一次转体合拢。

2. 竖向转体

竖向转体施工用于拱桥转体,即在桥台处先竖向预制半拱,然后在桥位竖平面内转动成拱。该方法是在竖直位置浇筑拱肋混凝土。当桥位处无水或水很浅时,可以将拱肋分为两个半跨放在桥孔下面预制,如果桥位处水较深时,可以在桥位附近预制,然后浮运至桥轴线处,再用起吊设备和旋转装置进行竖向转体施工。这种方法最适宜于钢管混凝土拱桥的施工。因为钢管混凝土拱桥的主拱圈必须先让空心钢管成拱以后再灌注混凝土,故在旋转起吊时,不但钢管自重相对较轻而且钢管本身强度也高,易于操作。

第二章　桥梁常见的缺陷

第一节　桥梁承载能力不足

一、设计原因

设计上存在的问题,主要是:结构不合理、计算错误、施工图不完善。

(一)结构不合理

桥梁设计方案的选择,是由当地的水文地质条件、施工技术和方法、经济指标和使用要求等诸多因素所就决定的。这里采用的结构形式有桥梁结构形式、构件的施工方式、桥梁截面形式,还有桥梁跨径的划分或墩高的处理等,如果这些结构选择或布局不合理,都会使桥梁在运营过程中出现这样那样的缺陷。

(二)计算错误

在桥梁设计计算中,由于计算错误等原因,可能给桥梁带来先天不足问题;例如:在预应力混凝土构件的二次应力、干燥收缩、徐变、拱桥卸载问题等计算时,由于设计人员的技术水平不高、经验不足、错误套用规范,或对特殊部位的处理不当,都会给桥梁日后运营中埋下隐患。

(三)施工图纸不完善

施工图不完善,主要表现在一些结构的细致部位,例如:钢筋的接头、钢筋布置等细节标注的不清楚,使得在施工中出现把接头安置在弯矩最大处的不正确做法;支座钢筋预埋深度不足等,这些都会成为日后发生缺陷的因素。

二、施工原因

施工是设计的实现过程,设计正确性与否、是否完善,在施工中都会得到检验。同时,施工的质量优劣,也将影响桥梁的整体性能。在桥梁建设中,尽管设计正确,但施工方法不当,施工质量控制不严,施工过程中遇到一些非预见性灾害,如洪水、地震等,常常导致桥梁承载能力降低,不能达到设计的预期目的。

由于施工原因,致使日后桥梁承载能力不足,其具体原因主要有以下几个方面。①材料质量问题。在施工中所使用的混凝土、钢筋、预应力筋和砂砾等材料,质量达不到规范要求,是导致桥梁结构产生各种质量缺陷的内在因素。②施工质量问题。在公路桥梁过程中,由于工种多、工序多,加之现场施工,每位施工人员往往要担负多方面的工作,如:钢筋工、起重工、架子工和混凝土工等,稍有疏忽,就会出错,就有可能使结构出现缺陷。③施工中的事故。由于施工方法不当、施工质量控制不严,在施工过程中遇到非预见性的灾害,常常影响到工程质量,导致桥梁的承载能力下降,达不到设计的预期目标。

三、外界因素

车流量加大、重车增多;交通碰撞事故;地震、洪水的破坏;环境恶劣、化学腐蚀;周边出现不均匀沉降等,都会使桥梁产生损坏。

桥梁作为大自然中的一种结构物,经常会遇到各种各样的意外灾害,如地震、火灾、冲撞事故等,使桥梁结构受到损坏,承载能力下降。例如,宁一杭线上的南渡桥,是单孔净跨 40m 的飞鸟式双曲拱桥,原桥为净 $-7+2 \times 0.8m$,拱圈由 8 个整体浇筑的飞鸟式拱波组成。拱轴系数 $m=2.814$,矢跨比 $f/L=1/8$。1970 年建成后受到两次地震破坏,腹拱损坏严重,主拱、腹拱脚均有裂缝出现,横隔梁严重开裂,交通部抗震小组确定为危桥。南渡桥原设计荷载为汽 -13、拖 -60,经计算未达到此标准,加之震害严重,两次地震后,通过荷载试验,确定该桥承载能力大大降低,荷载等级仅达到了汽 -10 标准。

随着国民经济发展,交通量日益增加,不少原有桥的承载能力已不能满足当今的交通需要,成为我国现有桥梁面临的主要问题之一。

第二节 裂缝产生的原因及特性

一、钢筋混凝土梁桥裂缝产生的原因及特征

（一）材料质量不好

（1）水泥质量不好，将在混凝土浇注筑产生不规则裂缝。

（2）骨料不好：①当骨料含泥量过大时，将随着混凝土干燥、收缩，出现不规则花纹状裂缝。②当骨料是反应性或风化骨料时，在混凝土硬化后将出现裂缝。裂缝往往以骨料为中心，在骨料周围出现，有时也有带圆锥形剥离的。

（二）施工质量不好

（1）混凝土搅拌时间过长，运输时间过长，将会使混凝土凝固速度加快，在整个结构上产生细裂缝。

（2）模板移动或鼓出，将会使混凝土在浇筑后不久产生与模板移动方向平行的裂缝。

（3）支架下沉、脱模过早、不均匀下沉，也将会使混凝土在浇筑后不久产生裂缝。裂缝宽度比较大，有的为 1~2mm。这类裂缝往往在支点等处最容易产生。

（4）接头部位处理得不好，将造成预制混凝土构件装配时的施工接缝和现浇混凝土时的新旧混凝土建筑缝变成裂缝。由于安装时支座设置工作粗糙，使支点处与桥轴垂直方向上形成倾斜扭裂。

（5）养生不好，塑性收缩状态将会在混凝土表面发生方向不定的收缩缝。这类裂缝常常出现在混凝土钢浇筑之后，裂缝深度较浅，约为钢筋保护层厚度，特别是在风大的天气，空气干燥时浇筑的混凝土更容易产生。

在振动不充分，或析水多的混凝土，断面高度急变的部位，以及钢筋、导管等的保护层小的时候，常因混凝土的沉降，导致在混凝土钢浇筑之后产生深度较浅的裂缝，通常裂缝沿钢筋或导管方向产生。由于钢筋沉降小，周围混凝土沉降大，所以在钢筋下面形成空隙。

（6）大体积混凝土、使用了早强水泥的混凝土，在冬季养生不够时，常因混凝土的水化热作用，在浇筑后 2~3 天导致混凝土结构中产生裂缝，裂缝常以直线等间距出现。

在新旧混凝土接头等处，沿着与接缝面的垂直方向产生裂缝。即使按铅直方向，作平

面接头面时,也同样产生裂缝。

（7）水灰比大的混凝土,由于干燥收缩,在龄期2~3个月内容易产生裂缝。大体积混凝土也有在6~8个月内产生的。

这类裂缝往往在开口、角隅等部位容易产生,特别是当浇筑断面很薄,硬化后经过较长一段时间,更容易产生由于约束引起的收缩裂缝。对钢架结构等,如受梁约束之后浇筑桥面板,也容易产生水平方向的裂缝。收缩裂缝多为贯通裂缝。

（三）设计原因

（1）当设计的混凝土抗压强度不够时,在承压应力大的部位,由于出现局部拉应力,常常导致产生裂缝。

（2）当外力（包括冲击力）超过设计要求时,由于受拉区域布筋不够,裂缝在（受弯）梁和板等的受拉边,垂直地向中性轴发展,或者由于主拉应力方向钢筋不足,在梁高端（剪切）、支座等处容易产生裂缝,裂缝方向大致接近45°,最大宽度在中性轴上。

（3）加固钢筋和构件截面面积不足时,常因扭曲或在局部应力作用下,在构件较弱的部位产生裂缝。

（四）外界条件的变化

（1）由于混凝土表面温度变化,常常导致构件在受弯方向垂直产生裂缝,或在悬臂梁铰处产生裂缝。

（2）火灾常常导致混凝土表面产生细裂缝和质量恶化。

（3）钢筋生锈将沿钢筋产生裂缝。

（4）化学作用将使混凝土表面产生细裂纹和质量恶化,或表面砂浆脱落,骨料外露。

（5）基础不均匀下沉,将使结构产生向下沉方向倾斜裂入的裂缝。

（6）由于通行超过设计荷载的重型车辆,在梁的受拉边产生裂缝。

二、拱桥裂缝产生的原因及特征

（一）双曲拱桥

双曲拱桥自20世纪60年代初创始以来,在全国已修建了35万余延米,占全国公路桥梁总延米数的1/4左右,在我国公路建设中发挥了重要的作用。但目前有一部分双曲拱桥的技术状况已满足不了现在的使用要求,除了交通量大幅度增长和车辆荷载标准提高的因素外,有很大一部分双曲拱桥,由于结构上不够完善,设计上没能达到规范要求,以及施工质量不佳等原因,致使桥梁存在不同程度的病害,导致使用中变形开裂,承载能力降低,甚至成为危桥。裂缝是双曲拱桥中的主要病害,由于双曲拱桥除了少数为石砌双曲拱桥外,绝大多数均为钢筋混凝土双曲拱桥,其裂缝产生的原因和前述一般钢筋混凝土桥梁中裂缝产生的原因基本相同,这是共通性的原因。前述对于双曲拱桥中裂缝产生的原因分析仍然适用,这里就不再重复叙述。下面仅就双曲拱桥自身特有的病害原因及其裂缝的特性进行表述。

1. 双曲拱桥存在的主要病害及原因

（1）拱圈整体性差

早期修建的双曲拱桥,在结构上和施工上对拱波拱肋之间的联系注意不够,加上横向联系比较薄弱,拱圈抗扭刚度不足,肋波之间接缝处容易开裂,沿拱圈出现环形缝,致使拱圈组合截面不能整体受力。

（2）拱圈截面不足

由于设计上过分挖掘潜力,拱圈截面尺寸设计不足。特别是拱肋尺寸偏小,在计算中通常采用内力叠加法,按组合截面验算。实际上拱肋在施工中总是承受拱波、拱板的自重,处于应力叠加状态。拱肋截面往往应力过大,容易过早开裂。由于拱圈刚度不足,变形较大,经常出现拱顶坍塌沉陷的现象。

（3）修建在软土地基上的双曲拱桥

由于桥台水平位移及不均匀沉陷,也常常导致拱圈的过大变形和严重开裂。

2. 裂缝特性

（1）主拱圈裂缝

主拱圈出现最多的裂缝为跨中下缘和拱脚上缘的径向缝及拱波纵缝。一般说来主拱圈上的裂缝可分为三种类型。

①径向缝。多发生在跨中和拱脚。拱脚多在上缘,是由负弯矩引起的,跨中多在下缘,是由正弯矩引起的。拱顶下缘的径向缝一般分布在 2~3m 范围内,也有的分布范围很广,约在 L/4~3/4L 范围内。这种裂缝多是拱顶下挠,桥台位移及转动引起的。拱脚裂缝有的在拱脚上缘;有的在拱座与拱脚交接处(多为一条缝较宽)。发生这种裂缝常常是拱圈本身刚度不足和桥台位移或向岸转动引起的。因拱脚支承形成平铰(即由无铰向

两铰过渡的支承）而出现裂缝。

②纵向裂缝。多发生在拱波顶。当拱波背打平时，拱波在横向上形成变截面连续板，拱波顶最单薄，往往容易形成纵向裂缝。形成纵向裂缝的主要原因是双曲拱桥拱圈横向联系差或者根本没有横向联系，桥台产生位移，超载使用，纵向裂缝往往较长，甚至延伸到整个跨长。

③水平缝。这是习惯用名，指拱肋与拱波交界处顺跨径方向的裂缝。产生原因是拱圈刚度不足，墩台位移及波肋结合构造不合理。

（2）拱上建筑裂缝

拱上建筑裂缝比较普遍，有的还比较严重。

①腹拱开裂。腹拱有重型与轻型之分。重力式腹拱大部分为圆弧拱，裂缝多发生在靠拱脚部位为第一、箔二个腹拱的拱波顶。这种裂缝与桥台变位和主拱圈刚度有很大的关系。

②立柱的开裂。重力式腹拱立柱开裂现象相当普遍，开裂部位以在盖梁与立柱连接处居多，盖梁上也有竖向裂缝。

（3）其他裂缝

主要指侧墙的开裂，有的在整个实腹段，侧墙与主拱圈脱开。这种开裂现象往往与拱圈承受荷载作用或桥台位移引起的损坏有着密切关系。

（二）石拱桥常见裂缝产生的原因及特性

1. 材料方面

①由于开采石料或运输石料过程中不慎造成石料本身存在细小的不规则裂缝。②部分已成桥由于石料强度不够，致使拱圈产生纵向或横向裂缝，甚至破碎。

2. 设计原因

①由于设计计算失误，截面尺寸选择过小，造成桥梁达不到车辆通行流的设计标准，承载能力偏低，拱圈截面应力超过极限应力，造成拱圈上、下缘开裂，形成纵、横向裂缝。②矢跨比选择过小。由于弹性压缩，温度变化等因素的影响，在拱圈中产生较大的附加内力，促使裂缝的发生和发展。③拱圈刚度不足。由于变形而产生拱上构造的外加应力，可能导致空腹式小拱上产生裂缝。

3. 施工原因

①拱圈砌筑多层平行拱圈石时,常常因为未错缝,在拱圈下缘发生顺桥向的纵向裂缝。②砌筑砂浆水灰比质量控制不严,标号不够,灰缝中产生收缩及顺灰缝发展的裂缝。③拱架卸架不均匀,使拱圈受力不对称,造成拱顶下缘或拱脚上缘产生裂缝。

4. 其他原因

①墩台移动或基础沉陷,在拱顶或拱脚产生裂缝,有时裂缝贯通到拱壁内部。②超过设计标准的重型车辆行驶,原桥承载能力不足引起裂缝的发生和发展。③地震火灾及洪水等意外因素使原桥受到损伤,引起裂缝发生和发展。综上所述,裂缝是桥梁中存在的一种主要病害,其形成的原因多种多样,即使同一座桥,裂缝产生形成、发生发展的原因也不完全相同。因此,必须针对具体裂缝具体分析,才能较为准确地掌握裂缝在每座桥中形成的原因,为进一步的加固和改造提供良好的条件。

第三节　墩台及其他病害

一、桥梁墩台缺陷及病害

桥梁墩台位于桥梁上部结构和基础之间,它关系到桥跨结构在平面和高程上的位置。墩台结构将上部结构的荷载传递给基础;桥台使桥梁与路堤相连接,并承受桥头填土的水平土压力,起着挡土墙的作用;桥墩则将相邻两孔的桥跨结构连接起来。因此,桥梁的上部结构的变化和影响,基础以下结构的变化与影响,都将会对它产生影响和损坏。桥墩的强度和稳定性在很大程度上也决定了桥梁的耐久性。墩台承载能力不足,或出现沉降、倾斜、位移及转动,将引起上部结构的损坏,严重时会导致整座桥梁的坍塌。多数桥梁的墩台是由砖石砌体、混凝土和钢筋混凝土构件组成,它的缺陷与病害主要由承载能力不足、沉降、倾斜、易动、转动及开裂等,裂缝正是这些病的寒暑表。

(一)裂缝

从外观来看,裂缝是桥墩的主要病害。

1. 网状裂缝

多出现在桥墩的向阳面,水位线以上;裂缝宽度 0.1~1mm,深度 1~1.5cm。

原因：混凝土内部水化热、外部温差、日照影响产生的温度拉应力及混凝土干缩，是在向阳面产生裂缝的主要原因。

2. 墩台竖直裂缝

多为下宽上窄状况；系基础不均匀沉陷所致。

墩台水平裂缝，呈水平层状，多为混凝土接缝不良。

3. 桥台侧墙、前胸、翼墙开裂

原因：填土、胀冻或地基承载力不足，引起墩台下沉或外倾，而导致开裂。

支承垫石从上向下发展的裂缝，其发生的原因为：支承处钢筋不足，当受到荷载的冲击时，诱发出这种病害。

4. 在桥墩、台帽顺桥轴线上，易出现横贯桥墩帽的裂缝

由于局部应力集中所致。桥桩的横系梁或承台的竖向裂缝，是由于桩基不均匀下沉，局部应力集中所致。

5. 墩台盖梁、雉墙上的裂缝

常发生在雉墙底部、两孔之间的分界点上，裂缝严重的会露筋，这是局部应力所致。在盖梁上发生的裂缝，是因为桩基不均匀沉陷导致盖梁受力不均匀。

6. 在镶面石上出现的裂缝

其表现为不规则形状，这是因为镶面石与墩台连接不良所致。悬背桥墩角隅出现的裂缝，是由于局部应力引起的。

（二）撞击破坏

桥梁墩台在船只、漂流物的碰撞下，或跨线桥墩受到车辆的撞击下，墩台会产生局部破坏，混凝土会产生剥离与脱落。

（三）砖石墩台结构损坏

砖石墩台的表面损坏，主要表现为抹灰层、勾缝脱落，砌体表面麻面、起皮、起鼓、粉化、剥落等，逐渐向深处发展，也可造成内部材料质量变质、酥化，使强度降低；砖石砌体由于构件受力不均、基础沉降不均，受热不均造成开裂；外界因素的影响，是造成砌缝脱落主要因素。砖石砌体或钢筋混凝土墩台，常年受到干燥、潮湿、寒暑、冻结冰融等气候条件的影响，还受到水、海水、工业废水、废气、酸、碱、火热等作用，这是产生裂缝、砌体剥

落、钢筋锈蚀等病害的主要因素。从而使材料随时间逐渐老化。

二、引起墩台基础病害问题

桥梁基础分为浅基础和深基础两类：浅基础又分为刚性扩大基础、单独和联合基础、条形基础、筏板和箱形基础；深基础可分为桩基础、沉井基础、混合基础。

(一) 基础沉降和不均匀沉降

桥梁墩台深基础，一般来说，不是嵌入岩层中，就是深入到地层深层。深基础其所出现的沉降或位移，在施工过程逐渐发生，经1~2年使用后开始稳定，除地震、滑坡等作用外，其强度、变形和稳定性都能满足工程要求。

浅基础埋置较浅、结构简单、施工方便、造价较低，是建筑物最为常见的基础形式。在软土地基上的浅基础随着地基被压密，往往出现沉降，特别是不均匀沉降，对于桥梁结构来说，这是极其危险的，应加以观察、分析，做好设防工作。

(二) 基础滑移和倾斜原因分析

(1) 由于受到洪水的冲刷，墩台基础时常发生滑移病害，其病害程度，与洪水的冲刷深度密切相关。因此，桥梁基础维修和加固工作，应当采取措施，重点防治桥下河床冲刷。

(2) 河床受到洪水冲刷后，首先桥墩前临水面地基土层被冲走，导致墩台基础侧向压力减小，使其产生侧向滑移。

(3) 位于软弱地基上的桥梁，遇到台背高填方路堤时，如果台背填土处理不当，往往会造成过大的主动土压力，导致桥台前倾，或土体下层向前滑移，使台顶后仰、倾斜。

(4) 沉井和桩的地基，如果滑移也会有这样的现象，不过没那么严重，桩基础抗滑移效果最好。

(三) 基础滑移或倾斜

造成桥台破坏形式如下：

(1) 支座和墩台支承面被破坏。

(2) 梁体从支承面上滑落；拱桥的拱圈开裂，跨顶下陷，甚至倒塌。

(3) 伸缩缝装置破坏，或使接缝减小、伸缩机能受损。

(4) 滑移量过大，梁端与胸墙紧贴，甚至导致胸墙破坏或梁局部压屈。

（四）结构物基础应力异常和开裂病害

对于刚性基础,在中心荷载作用下,基地压力呈马鞍行分布。当基础难以承受强大的中心荷载作用时,基础应力发生异常情况,出现开裂病害,表明基础进入初期剪切破坏阶段,随之墩台刺入土体。

第四节　常用的桥梁加固修补材料

一、常用的水泥基修补材料

水泥基修补材料是过去最常采用的修补材料。它适用于修补宽度较大的裂缝及损伤面积较大的混凝土结构。由于要求修补后结构或构件应有较高的强度与原结构要有可靠的粘结以及较好的耐久性能,所以,用于修补的水泥基材料必须具有快硬早强性能及较小的干缩性,最好应稍具膨胀性。

（一）修补用高强混凝土及砂浆

在配制修补用的高强混凝土或砂浆时,应针对其破坏原因,采用适合于破损结构的水泥品种,且应选择较高标号的水泥,细骨料、粗骨料也应符合质量要求,并可选用必要的外加剂。如高效减水剂、引气剂、早强剂、早强减水剂、速凝剂、防冻剂等。其配合比也应根据修补要求经试验确定。

修补施工时,一般首先应对原结构表面进行表面凿毛或喷砂处理,并冲刷干净;再涂刷水泥净浆或砂浆,有条件时,最好先涂刷一层混凝土界面剂,以增强层间粘结;然后再填补高强度砂浆或混凝土;再经振捣、压实后及时养护;最后在其初凝前进行抹光处理。应当指出,采用预缩砂浆,即在拌合后堆放 30 ~ 90min 才使用的干硬性砂浆,常可获得强度较高、平整度好、收缩性小的效果,其成本低廉,施工简便。

（二）硅粉混凝土及砂浆

硅粉是一种高活性掺合料,它是冶炼工业硅、硅铁或其他铁合金过程中产生的废气,经冷凝收集而得到的副产品(冷凝硅粉)。

硅粉的主要成分为无定形的二氧化硅,颗粒极细,约为水泥颗粒的 1/100,比表面积约为 $20m^3/g$,呈浅灰色至深灰色,比重约为 $2.29/cm^3$,容重约为 $220.300kg/m^3$。

在混凝土或砂浆中掺入硅粉时掺入量在水泥用量25%以下,还必须加入适量的高效减水剂。这样,可以克服掺入硅粉后使水泥需水量增加的缺点,并使硅粉的作用得到充分发挥。

硅粉在混凝土或砂浆中,其主要作用是:改善混凝土或砂浆的和易性、提高其强度及耐久性、改善水泥石的孔结构、改善水泥石与骨料的界面结构等。

硅粉混凝土或砂浆具有良好的和易性、显著的增强效果和良好的耐久性等特性。但早期于缩率较大,所以必须有良好的养护,特别是在薄层修补时,尤其要注意切实做好养护工作,避免表层干裂。

(三) 铸石骨料混凝土及砂浆

以铸石为集料制作的铸石砂浆或混凝土,具有良好的抗冲耐磨性能,常可作为因冲刷磨损而引起的混凝土建筑物病害的修补材料。

铸石是利用一些天然岩石,如辉绿岩、玄武岩或工业废渣如化铁炉渣,经配料、熔化、成型、结晶和退火等工艺过程而制成的均匀晶体石料。将铸石破碎成碎石及人工砂,作为混凝土的粗、细骨料,配制而成铸石混凝土或砂浆,将具有强度较高、硬度很大、吸水率低、耐磨性好等特点,已在一些大型工程中作为抗冲磨修补材料来采用,效果良好,但造价较高。

(四) 钢纤维混凝土

钢纤维混凝土是在混凝土中均匀散布直径为0.3~0.6mm、长度为20~60mm短钢纤维的一种新型混凝土。钢纤维用量一般按容积百分率计为1%~3%。

钢纤维混凝土中所使用的钢纤维,按其制造方法可分为切断纤维,即将压锻拉拔的钢丝按规定长度切断;剪断纤维,即将冷轧薄钢板剪断而成;切削纤维,是以厚钢板或钢锭,利用旋转的平铣刀进行切削而成以及熔融拔出纤维四种。

对钢纤维的要求如下。

(1)形状尺寸必须具有使它能均匀地分散于混凝土中。其尺寸不宜过细过长,也不能过粗过短。一般钢纤维以直径(或边长)为0.3~0.6mm、长度以不超过60mm为宜。

(2)粘结强度:钢纤维与混凝土之间粘结强度愈高,抵抗裂缝的性能就愈高,抗拉、抗弯强度的改善程度就越显著。采用异型钢纤维或在钢纤维的端部,使之具有锚定效果的形式,可提高其与混凝土的粘结强度。

（3）硬度：钢纤维最好既有较高的硬度又具有较好的弹性。

（4）一定的拉伸强度：只要求钢纤维混凝土破坏时，钢纤维具有不被拉断的值即可，所以钢纤维的拉伸强度只要有 500MPa 左右就可满足要求。

（5）耐腐蚀性：用于重视美观的建筑物，应做防锈处理，也可采用镀锌和环氧双重覆盖或采用不锈钢纤维。

混凝土中掺入适量的钢纤维，能提高其抗拉、抗裂及抗弯强度，能显著提高混凝土的韧性及抗冲击性。钢纤维混凝土的各项性能，与混凝土中钢纤维的配向和散布、钢纤维的掺入量和形状尺寸及混凝土的配比（水灰比、粗骨料最大尺寸、细骨料用量）等有关。

为了获得均匀分布的钢纤维混凝土，钢纤维的掺量不应超过 4%（混凝土体积），一般以 2% 左右较好，水灰比在 0.4~0.6 范围内较理想。粗骨料最大粒径宜采用 10~20mm，砂率一般为 60%~70%，水泥用量一般都超过 400kg/m³。为节约水泥用量，常掺入一些高效减水剂。配制钢纤维混凝土时，搅拌方法和钢纤维的掺量对分散度的影响较明显。搅拌方法不当，会使钢纤维结团。搅拌时，可投入粗、细骨料之后加入钢纤维，使它们在干燥状态下充分搅拌，最后加入水和水泥，这样就不易结团。采用振动成型时，不宜使用内部振动器，最好使用振动模、振动台或表面振动器。

（五）玻璃纤维水泥（GRC）

玻璃纤维水泥是利用玻璃纤维增强的水泥基复合材料，称作 GRC，通过在水泥砂浆中掺入高抗拉强度的玻璃纤维可改善其脆性，提高其抗拉、抗弯和抗裂性能。

在玻璃纤维水泥中使用的玻璃纤维，必须是耐碱或高抗碱的玻璃纤维，以减轻在带有强碱性的水泥中被溶解腐蚀。一般赋予玻璃纤维耐碱性能的方法，主要是在酸性的矽酸系的玻璃成分中，加入 ZrO_2（氧化锆）改变玻璃纤维的化学成分而制成耐碱玻璃纤维，现国内已有生产，也可在普通玻璃纤维表面，设法用合成树脂包裹起来。目前，我国多采用提高纤维耐碱程度和降低水泥碱度的双保险方法来制作玻璃纤维水泥制品。即采用低碱度的硫铝酸盐水泥、耐碱或高抗碱纤维、细集料和外加剂等作为其主要原材料，常用直接喷射法、喷吸法或预拌法制作玻璃纤维水泥。

由于生产工艺不同，玻璃纤维水泥的性能可能有较大的出入，其关键是如何提高耐碱纤维在水泥砂浆中的均匀分散程度。通常，耐碱纤维掺加量约为水泥重量的 2%~4%。质量良好的玻璃纤维水泥，比重常为 1.8~2.2；弯曲、拉伸、剪切强度及抗裂、抗冲击性能都远高于普通水泥砂浆。

（六）喷射混凝土

喷射混凝土是借助喷射机将按一定比例的混凝土混合物,通过管道输送并以高速喷射到受喷面上凝结硬化的混凝土。混凝土在高速喷射时由于水泥与骨料的重复冲击而使混凝土压实,同时又可采用较小的水灰比,因而具有较高的强度和较好的耐久性。喷射混凝土可在混合物中加入速凝剂,使水泥在 10 分钟内终凝,使混凝土很快获得强度。喷射混凝土与其他材料或建筑结构具有良好的粘结性,并能嵌入结构表面洞穴、裂缝,保证与被加固结构共同工作。喷射施工法可将混凝土的运输、浇筑和振捣结合为一道工序,不要或只要单面模板,可通过输料软管在高空、深坑或狭小的工作区间向任意方位施作薄壁的或复杂造型结构,工序简单,机动灵活,具有广泛的适应性,对水工建筑物的修补加固也是较为适宜的。

根据喷射混凝土拌和物的搅拌和运输方式．喷射方式一般分干式和湿式、半湿式(或潮式)和并列法四种。常采用干式和湿式。

干式喷射是用喷射机压送未拌和料亦可包括粒状速凝剂。在喷嘴处加水。湿式喷射是用喷射机压送湿混合料(已加入拌和水),或距喷嘴 3-5m 处加入速凝剂,湿式喷射时,水与其他材料拌和均匀,产生的粉尘和回弹较少。将湿式的长处引入干式中,采取在喷嘴前几米的管路处预先加水的方法,有时把这种方式叫半湿式喷射,但从本质上说,还属于干式。

喷射混凝土具有较高的抗压、抗拉和抗弯强度;其粘结强度与受喷面的粗糙程度、干净状态、界面湿润和养护情况等因素有关。干净、粗糙、湿润表面及养护良好时,其粘结强度很高;其抗渗性能较好,抗渗标号一般都大于 0.7MPa;抗冻性能良好,一般抗冻标号大于 200 号。所以,其耐久性也是较好的。

喷射混凝土也可采用钢纤维增强混凝土,硅粉喷射混凝土及水泥裹砂喷射混凝土。

（七）真空处理混凝土

真空处理混凝土是将浇灌后的混凝土,立即利用真空泵、真空槽或气垫薄膜等组成的真空吸水装置,在混凝土表面造成真空;从表面附近的混凝土中将气泡和水分吸走,同时利用大气将混凝土加压的一种工艺处理而获得的混凝土。

采用真空作业处理的混凝土,可在不增加水泥用量的前提下,降低水灰比、增加密实度、并可缩短拆模周期。将较大幅度地提高混凝土的强度和耐久性。但因其施工比较麻烦、效率较低,尚有待改进。

二、常用的高分子有机修补材料

有机高分子材料常以聚合物混凝土的形式来改善混凝土的各项性能。聚合物混凝土可分为三种:一种是聚合物胶结混凝土,一种是聚合物水泥混凝土,还有一种是聚合物浸渍混凝土。亦常利用某些有机高分子材料具有很大的变形能力(如聚氨酯树脂、沥青等)作为伸缩缝止水材料,也有利用某些有机高分子材料具有很高强度作为补强加固材料,如玻璃纤维增强塑料等。

(一)环氧砂浆及环氧混凝土

1. 原材料

(1)环氧树脂:凡含有环氧基团的高分子化合物,统称为环氧树脂。土建工程使用的环氧树脂一般为双酚 A 型环氧树脂。属热塑性高分子化合物。其分子最不大,使用时,可通过加入固化剂使它进一步交联成体型结构的巨大分子,从而固化成不溶不熔的硬质产物。

其特点有:良好的工艺性能,可在常温下固化;粘结性能很高;收缩性较小,膨胀系数也较小;良好的耐腐蚀性能;机械强度高;吸水率很低等一系列优良性能,因此,环氧树脂得到了广泛的应用。

(2)固化剂。环氧树脂在使用时,必须加入固化剂,使线型结构交联成体型结构。固化剂的种类很多,常用的有胺类(如乙二胺、二乙烯三胺、间苯二胺等)、酸酐类及合成树脂类化合物。

(3)增韧剂。增韧剂的主要作用是提高环氧树脂的韧性,增强抗弯、抗冲击能力。它分为活性增韧剂和非活性增韧剂两类。非活性增韧剂不带活性基因,不参与固化反应,只起添加物作用,又称增塑剂,如邻苯二甲酸二丁酯等。活性增韧剂,能参与环氧树脂的固化反应。

共同组成体型结构,最常用的是低分子量的聚酰胺树脂,如 650 号、600 号等,其掺量为 40%~60%。还有聚硫橡胶和丁腈橡胶等。

(4)稀释剂。稀释剂的作用是降低浆材粘度,以利施工操作。稀释剂也分活性稀释剂和非活性稀释剂两类。非活性稀释剂只起稀释作用而不参与树脂的固化反应,如丙酮、甲苯、氯苯及二甲苯等。这些材料在树脂固化及使用过程中逐渐挥发,因而使环氧树脂的粘结力降低,收缩率增加,甚至降低热变形温度、冲击韧性和抗弯强度。活性稀释剂在树脂中既起稀释作用,又参与树脂的固化反应,如 690 号(环氧丙烷苯基醚)、501 号(环氧丙烷丁基醚)、662 号(甘油环氧树脂)和糠醛丙酮等。应当注意的是,由于活性稀释剂中有环氧基的存在,为使之参与固化作用,应适当增加固化剂的用量。

(5)填料。使用填料的目的是减少树脂用量,降低成本,提高强度、硬度和耐磨性能,增加导热系数,减少收缩率和膨胀系数及变形性能等。

填料的品种很多,可以根据要求选用。为了提高环氧材料冲击韧性与抗拉、抗弯强度,宜用石棉纤维和玻璃纤维;为了提高抗压强度和硬度,宜用滑石粉、石英粉、水泥、砂子和小石;为了降低弹性模量和提高抗开裂能力,可加橡胶粉;为了提高耐磨性,可用石墨粉和铸石砂;为了提高耐热性,可用石棉粉;而提高导热性,则用铝粉或铜粉。此外,选用的填料应与被粘结物的性质相同或近似,如用作金属的粘结,宜用铝粉或其他金属粉末;用于粘结修补混凝土,宜用水泥、铸石粉、石英粉、铸石砂及石子等。填料用量,随施工要求的粘度及其他技术指标而定,并应使所有的填料都能被树脂润湿。

2. 环氧砂浆的施工

当环氧砂浆配合方案确定后,除称料要准确外,还必须严格按配料工艺流程进行配料,并注意各流程的控制温度。环氧固化反应是放热反应,导热性能又差,故每次配料不单要保持各种材料的比例,拌和总量亦应根据试验确定的数量进行,否则温度变化及固化时间还是难于确定,甚至影响固化树脂的质量。对以要修补或保护的材料,应对其表面进行处理:要求表面应坚固、较平整、清洁及干燥(用水下环氧固化剂除外)。表面处理好后,先刷一薄层环氧胶液,然后填铺拌和好的环氧砂浆,并将其压实抹平,最后按要求的固化条件进行养护至规定的龄期。

(二)不饱和聚酯树脂砂浆及混凝土

1. 不饱和聚酯树脂砂浆的组成成分及其作用

(1)不饱和聚酯树脂。不饱和聚酯是由醇和酸酐进行酯化反应后得到的含有 –CH=CH– 不饱和双键的高分子化合物。不饱和聚酯树脂是用单体苯乙烯作溶剂溶解不饱和聚酯所组成的树脂。其牌号 UP307 及 UP189 是目前国产较便宜的两种。丙烯酸环氧酯是环氧树脂和不饱和一元酸的加成产物,系属于一种新型的不饱和聚酯树脂。

(2)引发剂。引发剂是容易产生游离基的过氧化合物,使树脂和苯乙烯单体中的双键活化发生共聚反应,放出热量形成立体网状交联结构的大分子。一般使用的引发剂为过氧化环己酮糊,它是过氧化环己酮与邻苯二甲酸二丁酯各为50%的浆糊状物。

(3)促进剂。促进剂是降低引发剂正常分解温度、加快分解速度的化合物,一般使用环烷酸钴溶液,含钴量约为0.5%;萘酸钴溶液,含钴量约为2%,不饱和聚酯树脂在低温使用时。有时需加第二促进剂,一般使用二甲基苯胺。

(4)减缩剂。减缩剂是为了克服不饱和聚酯树脂固化时收缩较大而加入配方中的热塑性聚合物。可采用聚氯乙烯粉末或用聚苯乙烯颗粒加到苯乙烯单体中配成减缩溶液。试验资料表明,掺减缩剂溶液的不饱和聚酯树脂砂浆的和易性及减缩效果都比聚氯乙烯粉末好一些。

(5)填料。加入填料的目的及填料的品质与环氧砂浆的填料基本相同。

2. 不饱和聚酯树脂砂浆的施工

被修补或保护材料的表面处理与环氧砂浆施工相同。不饱和聚酯树脂砂浆配制时,必须注意引发剂与促进剂切勿直接接触,否则会引起爆炸。因此,拌料时先将树脂与引发剂拌和均匀后,再加入促进剂进一步拌均匀。填铺砂浆前表面刷一薄层浆液,填铺压实抹平后,需覆盖塑料薄膜,防止单体挥发。树脂固化温度为10℃~35℃,环境温度恒定,是保证固化反应的重要因素。因此,冬季施工时,在塑料薄膜上再覆盖草袋或麻袋等保温措施是必要的。一般养护20天即可使用。

(三)呋喃砂浆

1. 原材料

(1)呋喃树脂:呋喃树脂是糠醛($C_5H_4O_2$)、糠醇($C_5H_6O_2$)等为原料制成的一类聚合物的总称,其分子结构都带有呋喃环,其品种有糠醇树脂、糠醇–醛醛树脂等。制成呋喃树脂所用糠醛的主要原料主要是一些农副产品,如棉籽壳、玉米芯及玉米秆等。由于原料来源广泛,故成本较低。

呋喃树脂在酸性固化剂(苯磺酸,苯磺酰氯等)作用下,在常温条件就能使呋喃开环,形成网状结构而固化,对强酸、强碱和有机溶剂的腐蚀作用,有很强的抵抗力,耐热性好,电绝缘性亦高;力学性能也接近环氧树脂,但较脆。

(2)固化剂:苯磺酸和苯磺酰氯。

(3)固化剂溶剂:糖醛(单体)。

（4）填料：石英粉和石英砂。

2. 施工

（1）呋喃砂浆的配制。将填料石英粉、石英砂等拌和均匀，用半分糠醛单体与苯磺酸搅拌溶解，用另外半分糠醛单体与苯磺酰氯搅拌溶解，然后将呋喃树脂与填料拌和均匀，最后将糠醛单体溶解的两种固化剂溶液拌和均匀即成配制好待用的呋喃砂浆。

（2）呋喃砂浆的铺筑。修补混凝土表面处理与环氧砂浆修补混凝土的表面处理相同。因呋喃固化剂为酸性，为了使其不与混凝土中的碱起反应，一般施工前一天应在混凝土表面涂抹一层环氧胶液，待环氧固化后再刷一道呋喃胶液，接着填铺呋喃砂浆，压实抹平，养护至规定龄期即可使用。

（四）玻璃钢（玻璃纤维增强塑料）

玻璃钢是以玻璃纤维为增强材料，合成树脂为基体复合而成的一种工程材料。它具有轻质高强、性能可调、耐蚀性好、抗渗性高、施工方便、尺寸稳定、表面光滑和混凝土的线膨胀系数相近等一系列特点。

1. 玻璃钢的种类及原材料

玻璃钢的种类很多，工程上常用的主要是以环氧树脂为基体的玻璃钢，以不饱和聚酯树脂为基体的聚酯玻璃钢。

在玻璃钢中，其主要原料是玻璃纤维和合成树脂及其他辅助材料。

（1）玻璃纤维。玻璃纤维是用来增强树脂的，它具有较高的拉伸强度和弹性模量。其种类很多，工程上常用的无碱玻璃纤维和中碱玻璃纤维两种。而无碱玻璃纤维的含碱量较低、耐水、耐老化性能较好，机械强度也较高，且易被树脂所浸透。所以，桥梁补强加固中最常用无碱无捻无蜡的玻璃丝方格布或单向布。

（2）环氧玻璃钢的树脂基体材料。环氧玻璃钢的树脂基体是由环氧树脂、固化剂、增韧剂、释剂及填料所组成。

由于环氧树脂具有粘结力大、机械强度高、耐腐蚀、耐水防潮、抗老化性能好、吸水率和固化收缩率都低等一系列特点。同时，可以采用性能良好的水下固化剂，如810水下固化剂，T-31等，还可在潮湿或水下施工。所以，环氧玻璃钢的性能高，适应性强，在补强加固中最常被采用，但其造价较高，且因粘度较大，野外施工也较费事。

（3）聚酯玻璃钢的树脂基体材料。不饱和聚酯树脂是一种具有不饱和双键的低分子量树脂。市面销售的不饱和聚酯树脂中,常已加入一定数量的苯乙烯作为交联剂外,还加入了一些对苯二酚等阻聚剂,实际上是一种多成分的淡黄色液体状的树脂混合物,不饱和聚酯树脂的牌号很多,各具特点,考虑到桥梁修补加固中的耐水性的需要,宜选用耐水性能较好地189号不饱和聚酯树脂(UP189)为宜。

由于不饱和聚酯树脂固化是游离基聚合,通常需使用有机过氧化物作为催化剂才能使不饱和聚酯和苯乙烯单体交联固化而成为体型网络结构。最常采用的催化剂是过氧化乙酮。

不饱和聚酯的常温固化时,除应采用过氧化物作为催化剂外,还要用一定数量的环烷酸酮或二甲基胺等促进剂,以便降低过氧化物的分解温度,从而保证树脂能在常温下正常固化。最常采用的促进剂是萘酸钴。

2. 玻璃钢的基本性能

由于玻璃钢所使用的原材料和成型工艺的不同,其力学性能有一定的差异,但对常用配方和常温下手糊工艺成型的玻璃钢而言,一般具有如下特性。

(1)轻质高强、比强度高。无论环氧玻璃钢或聚酯玻璃钢,其比重仅为 $1.7 \sim 2.1/cm^3$,约为普通钢材的1/4,比铝还轻。而拉伸、弯曲极限强度可达280~400MPa。其机械强度与钢材相近;但弹性模量约为10~25MPa,则是较低的。

(2)性能可调。通过选用不同基体材料和配比,采用不同增强材料及铺层、铺布方式都可改变其力学性能,使具有可设计性。

(3)耐腐蚀。玻璃钢对酸、碱、海水、淡水等均具有良好的抗腐蚀性能,只要施工质量良好,无论对外露于大气,还是在潮湿或水中工作条件下均能长期使用。

(4)表面光滑、抗渗性好。糊制良好的玻璃钢、表面粗糙率系数为0.010~0.011,其抗渗能力可达3.5MPa。

(5)与混凝土粘结牢靠。在做好混凝土基层表面处理和过渡层的条件下,玻璃钢能与混凝土表面粘结的十分牢固。且由于玻璃钢的线胀系数在$(7 \sim 11) \times 10^3$左右,与混凝土相接近,在温变作用下,两者间可保持变形基本相协调。

(6)施工方便、工艺简单。采用手糊成型工艺、施工简便,利于野外施工,尤其对于异型构件及补强加固要求不同的建筑物,尤为方便。

3. 玻璃钢与混凝土再复合后的性能

采用玻璃钢包覆结构表面对桥梁进行补强加固时,通过区分不同情况选配适宜的玻璃钢补强层,设置相应的过渡层和采用适于野外施工的工艺,经补强加固后,承载时各相材料能够形成新的统一体而协同工作,可大幅度地提高结构的承载能力。既可充分利用表层玻璃钢的高强特性。又可充分利用原结构的刚度和现有强度,使老化工程复壮。

经大量的玻璃钢与混凝土、钢筋混凝土及钢丝网水泥的梁、板、柱再复合后的室内试验及工程实践表明。

(1)玻璃钢与钢丝网水泥板复合后,其弯曲极限应力可比原结构提高2.2~10倍;玻璃钢外包钢筋混凝土梁后,极限弯矩可比原芯梁提高3倍左右;而采用在混凝土梁上外包玻璃钢后,其极限荷载能力提高的幅度就更大了。可见,在以弯曲受拉为主的梁、板结构中,采用表面包覆玻璃钢以后,均可形成新的统一体而协同工作。可大幅度地提高其承载能力。且其刚度也有所提高。

(2)在混凝土或钢筋混凝土受压构件上外包玻璃钢后,由于抗拉性能高的表面玻璃钢补强层对混凝土横向变位约束的结果,使构件的极限抗压能力也能明显提高。如包覆两层时,约提高20%~50%,而包覆五层时可提高72%~94%。

(3)采用表层包覆玻璃钢的结构,在荷载较小时,能够防止和抑制水泥砂浆或混凝土的开裂,从而扩大了原结构的弹性工作范围。且由于再复合后,结构破坏前将有较大的挠度。所以,破坏前将具有十分明显的先兆。这样,便于管理部门及时发现。

(4)补强加固后的结构承载能力,主要取决于原结构的刚度及玻璃钢层的包覆厚度。

4. 玻璃钢的耐久性分析

玻璃钢在大气暴晒、高温度或游离水的湿气、河水、海水浸泡及腐蚀介质的长期作用下,性能会有所降低,通常称之为"老化"。而玻璃钢的老化性能和接触界面的粘结可靠性又是补强加固工程是否耐久的关键。

关于玻璃钢的老化性能,国内外有关部门已进行过长期的研究。根据在大气暴露条件下。10年内玻璃钢的弯曲和拉伸强度一般均保留在80%以上,最大降低不超过30%,且环氧玻璃钢的耐候性较聚酯玻璃钢好。而在水浸泡的条件下,开始阶段力学性能变化较大,一般3年后就趋于稳定了。一直到10年以后,仍保持在湿态强度上,即一般拉伸强度保留在70%以上,弯曲强度保留在40%以上,冲击韧性没有降低。同时,水中浸泡的玻璃钢,在干燥后,其性能能有部分恢复的现象,同样,环氧玻璃钢比聚酯玻璃钢具有较高的耐水性。上海玻璃钢研究所曾对45条玻璃钢艇进行了20年实样性能试验,其力学性能仍稳定在水浸泡的中期,即其弯曲、冲击强度保留率在40%左右,而作为结构补强材料的玻璃钢,在设计时,其强度安全系数均取在 4 以上。

5. 玻璃钢补强层的施工

在需进行修补加固的桥梁上,玻璃钢补强层的施工一般均采用手工分层糊制法成型。糊制前,对原混凝土表面应进行彻底的清理并保持干净和干燥(采用水下固化剂者可允许保持潮湿状态)。糊制时,先涂刷树脂基液,再用树脂腻料将原混凝土基底面填平压实作为过渡层,然后再按设计要求分层铺贴玻璃丝布,每铺一层玻璃丝布,涂刷一遍树脂基液,待该层初固化后,再糊制下一层,彼此纵横交错分层糊制,各层均应注意刮平刮实,赶出气泡,使树脂基液浸透各层玻璃丝布,以保证糊制的质量,在两布块接头间,要有 2~3cm 的搭接长度,且使各层接缝错开一定距离。

为确保补强加固的质量,施工中应注意如下几点。

(1)混凝土基底面上应凿除软弱破碎部分,裂缝处应根据实际情况做好前期处理,并对混凝土表面做适当的凿毛或吹砂处理,然后清刷干净,除采用水下固化措施之外的混凝土表面,还必须保持干燥状态,以保证层间粘结。

(2)根据施工环境,选配合理的树脂基料及腻料的配比,要求称料准确,工序合理。一次配料不宜过多,应及时使用。

(3)分层糊制玻璃钢补强层时,一般应自上而下涂刷树脂基液,使其浸润均匀,对所铺贴的玻璃丝布要刮平贴实,使各层都无气泡,无分层,无折皱。各层固化后,如发现有上述纸漏时,应及时灌注树脂基液或采用割补的方法加以处理。

(4)糊制玻璃钢补强层时的气温,以 10℃~25℃ 为宜,应避免在温度过高或过低,有雨、雾时施工,以确保其固化良好。

(5)在各层固化并检查合格后,应在边口处做好封口处理和涂刷表面胶液,以提高防渗性能。

(6)施工中,要有必要的安全防护措施,注意防火、防毒和防止人身安全事故,以确保施工安全。

三、聚合物水泥基修补材料

聚合物水泥砂浆(PCM)是近年来发展起来的一类新型复合胶凝修补材料,又称为聚合物改性水泥砂浆(PMM)。它是由水泥骨料和被分散或再分散在水中的有机聚合物同时拌和而成,这种有机聚合物是由成千上万单分子量物质聚合而成的大分子量的物质。

聚合物可以是一种单体聚合而成的均聚物。或者是由两种或更多的单体聚合而成的共聚物。与普通水泥砂浆相比,具有抗拉强度较高,弹性模量较低,耐磨、耐腐蚀、抗渗、抗冻性能均较高等特点,且与老混凝土间有良好的粘结性能。另外,由于聚合物水泥基复合材料是以水泥为基体的,所以,作为混凝土的修补材料,其修补材料与母体的材料性能相近,且价格也较单纯使用有机高分子材料要价廉得多,故适用于工程加固中因碳化、空蚀、冻融破坏、化学侵蚀及结构受力,而引起的混凝土表层开裂、渗漏、剥蚀等破坏的大面积修补,还可用于防腐、防渗和需加筋补网的结构补强工程中。目前,在国内外对于这类修补材料的研究已较多,部分已进行商品化生产。

聚合物水泥砂浆之所以能具有较好的粘结性能、变形性能和较高的抗水、CO_2、盐分渗透及较高的抗冻性能,主要是由于在水泥砂浆中掺入适量的有机聚合物质,可对水泥颗粒起到分散作用,改善了和易性,降低了用水量,提高了砂浆的致密性;同时,由于聚合物分子中的活性基因与水泥水化中的游离 Ca^{2-}、Al^{3-}、Fe^{2-} 等进行交联,可形成特殊的桥键,在水泥颗粒周围发生物理、化学吸附,形成连续相,具有高度的均一性,从而改善了水泥砂浆硬化体的物理组织结构和内应力,大大减少了裂缝的产生;另外,由于聚合物乳液能迅速凝结,形成坚韧致密的薄膜,并且分布于水泥骨架之中,起充填空隙的作用,从而改善了聚合物水泥砂浆的物理力学性质。

我国目前已开发的 PCM 用聚合物品种有:丙烯酸酯共聚乳液、聚氯丁二烯橡浆、聚苯乙烯丁二烯橡浆、氯乙烯偏氯乙烯共聚乳液、BJ 乳液、BHC 乳液、苯丙乳液、PCC 及 BAC 乳液等。

四、钢材及其他修补加固材料

(一) 加固用的钢材

在补强加固工程中,无论是采用外包钢法、预应力加固法,还是粘贴钢板法等,主要都是通过补加的钢筋、钢板或型钢等来受力的,其他补强加固方法也常有辅以钢材之举。国内外许多加固工程实践表明,在补强加固施工中,钢筋骨架连接、型钢格架连接和预应力加固法采用横向张拉施工方法时,为有利于钢筋、型钢和钢板间的焊接施工。通常,建议在选用加固用钢材如下。

(1)钢筋宜选用Ⅰ级、Ⅱ级钢筋,必要时可选用Ⅲ级、Ⅳ级或其他高强度钢材。

(2)型钢、钢板、扁钢及钢管等宜选用3号钢或16锰钢。

（3）所选用的各种钢材的材料质量应分别符合现行国家标准的规定；其强度设计值也应按现行国家设计规范的规定取用。选用材料的规格尺寸等，应充分考虑补强加固施工的可能性及今后运用的耐久性要求等。

（4）在加固所用连接材料中，当采用钢制胀锚螺栓等连接时，其质量必须符合有关技术标准的规定；当采用焊缝连接时，其焊条型号应与被焊钢材的强度相适应，其质量应满足有关焊条的国家标准；当采用螺栓连接时，螺栓可采用3号钢制作，但其质量也必须符合国家有关规定。

（二）碳纤维布等其他修补材料

由于桥梁结构种类很多，且用途不一，修补要求也各不相同。在修补工程中除常采用上述各种修补材料外，还有采用如橡皮、塑料等其他修补材料。另外，近几年从国外传入我国的碳纤维布、芳纶纤维布对桥梁结构具有良好的补强性能，后面还将进行详细讲述。在使用中必须注意既要满足修复工程的应用要求，又要充分适应所选用的修补材料之特性。具体情况具体分析。

五、灌浆修补材料

对于裂缝、漏水及基础事故等病害，也常可采用灌浆修补方法进行处理。灌浆就是将一定的材料配制成浆液，用压送设备将其灌入混凝土的裂缝或地基的裂缝中，使其扩散、胶凝或固化，将裂缝或缝隙充填密实，以达到防渗堵漏，补强加固，阻止沉陷或加强稳定的目的。由于灌浆修补时不需要拆除原有结构或进行大量的基础开挖以暴露其结构缺陷部位，可充分保留和利用原有结构，因而施工操作比较方便，常具有明显的经济性。

常用的灌浆修补材料可分为水泥灌浆和化学灌浆材料两大类。水泥灌浆具有结石体强度高，材料来源广，价格低廉、运输、贮存方便，以及灌浆工艺较简单等优点。但由于它属于颗粒性材料，对某些细微裂缝、裂隙或孔隙的处理，有时不能得到满意的效果。另外，有一些具有一定水压和流速的漏水部位，灌入的水泥浆，在凝固前很容易被水稀释或冲走而不能起到充填裂隙的作用。所以水泥灌浆常受到限制。而化学灌浆材料的浆液粘度较低，具有比水泥有较好的可灌性，且化学灌浆材料可以根据工程的需要准确地控制浆液的聚合（胶凝、固化、硬化）时间，故也适用于有流动水部位的堵漏或防渗，同时，有的化学浆材还具有较高的粘结强度，可用于混凝土结构补强加固。当然，由于化学灌浆一般价格较高，有的还有一定的毒性，技术上也要求较高，因此，应根据不同工程的具体要求来选择。

水泥灌浆按其作用又可分为两类。一类是为处理建筑物地基的帷幕灌浆、固结灌浆、接触灌浆、回填灌浆和接缝施工灌浆等；一类是为建筑物补强加固的水泥压浆,即将水泥浆液压注到结构物的蜂窝、孔洞或裂缝中去,充填并固结这些缺陷,以达到补强加固的目的,前者是目前国内外大量采用的基础处理及施工处理的方法。已有成熟的经验。

化学灌浆修补材料可分为：水玻璃类材料、甲基丙烯酸酯类材料（甲凝）、聚氨酯类材料、丙烯酰胺类材料（丙凝）、铭木素和环氧树脂类材料等。按其作用分,除环氧树脂和甲基丙烯酸酯类材料属补强材料外,其他均属防渗堵漏为主的材料。至于聚氨酯,在国外亦有作为补强材料的报道。

在选择灌浆修补材料时,应考虑下列因素：①可灌性好。②适宜的浆液胶凝或固化时间。③凝胶体或固结体的耐久性好。④凝胶体或固结体应具有良好的抗渗性能。⑤浆液在胶凝或固化时的收缩率要小。⑥浆液在胶凝过程中,其粘度的增长有较明显的突变过程。⑦固结体的抗压、抗拉强度高,特别是与被灌体间应有较好的粘结强度。⑧浆液无毒或低毒,对环境及水质无污染或污染较少。⑨灌浆工艺较简单。⑩浆材货源广,价格低,贮运方便。

在目前已有的灌浆材料,其性能一般仅部分地符合上述要求。因此,应根据不同工程的要求来选择合适的灌浆修补材料,这是一个十分重要的问题。

灌浆法修补设计和施工中应考虑如下问题：灌浆的目的和预期效果分析；可灌性能分析；确定灌浆材料及外加剂；确定灌浆浆液的配比；选择灌浆机具及设备；灌浆施工工艺；灌浆操作制度和工程质量检查等。

采用的化学灌浆材料,如具有毒性或刺激性臭味,应采取有效的通风设施。现场施工时,工作人员应尽量避免在浆液的下风位置操作,以减少吸入有毒气体的机会。施工人员一般应戴防护口罩,必要时,应戴防护眼镜,以防有毒气体刺激眼膜。

有毒性和刺激性臭味的挥发性化学灌浆材料,应密封贮存,防止气体逸出,污染周围环境。

施工人员应穿着防护服,戴橡胶或乳胶手套及专用袖套,尽量避免浆液玷污衣服、皮肤。如有玷污,应即洗净。操作时,不允许用手直接接触化灌材料。现场配制浆液人员应戴防护口罩,灌浆人员必须戴防护眼镜,以防浆液溅入眼部。

施工结束后,剩余的废浆材料以及冲洗设备、管路内的废液,如已不能再用,都应集中妥善处理,以防止环境污染。

在化灌施工现场不进食,不吸烟。离开现场前应洗手,皮肤沾有浆液的,可用热水、肥皂或酒精溶剂擦洗干净。粘着性材料如环氧树脂等贴着皮肤时,可先用锯木屑或去污粉擦去后,再用肥皂热水洗净,不得用丙酮等渗透性较强的溶剂洗涤,防止有毒物质渗入皮肤。

第五节　桥梁缺损维修与裂缝修补

一、混凝土桥梁缺损的维修

(一)混凝土材料的主要缺陷

1. 混凝土质量缺陷

(1)蜂窝:混凝土局部酥松,粗骨料多砂浆少,石子间出现空隙,形成蜂窝状孔洞的现象。

(2)麻面:指混凝土表面局部缺浆、粗糙或有许多小凹坑的现象。

(3)孔洞或空洞:指表层或混凝土内部,由于在浇筑混凝土过程中缺乏必要振捣或出现漏浆,导致混凝土表面或内部出现空洞。

(4)掉角:构件角边处混凝土局部掉落或出现不规整缺陷。

2. 混凝土表面缺损

(1)风化:混凝土构件表面或整体出现的因物理、化学性质变化而形成的表面材质退化现象。

(2)磨损:指构件在外界作用下出现的骨料和砂浆的表面磨耗脱损现象。

(3)剥落(露筋):由于混凝土强度不足或钢筋锈蚀体积膨胀引起混凝土表层脱落,造成粗骨料或钢筋外露现象。

3. 裂缝

(1)弯曲裂缝:构件受弯拉部产生的裂缝。

(2)垂直裂缝:构件受压其强度不足产生的裂缝。

(3)剪切裂缝(斜裂缝):构件受剪切力作用所产生的裂缝,通常出现在剪切力最大的部位,对于受弯构件和压弯构件,往往发生在主梁的1/4跨或支座附近,由下向上成

25°~50°角度开裂。

（4）断开裂缝：钢筋混凝土构件受拉时，产生的截面裂缝。

（5）扭曲裂缝：构件受扭转和弯曲同时作用时而产生的裂缝，裂缝一般呈45°倾斜方向。

（6）局部应力裂缝：构件受局部集中应力产生的裂缝，出现在墩台支座部位或受冲击荷载作用部位。

（7）温度裂缝：构件由于不均匀受热，产生温度应力。当温度应力超过材料强度时，产生的裂缝。

（8）收缩裂缝：混凝土凝固时水分蒸发，表面收缩大内部收缩小，收缩产生不均匀性，当表面混凝土所受的拉力超过其抗拉强度时产生的裂缝。

（二）混凝土桥梁缺陷产生的原因

1. 混凝土表层缺陷

混凝土表层缺陷，其原因是多方面的，如设计、施工、维修养护不善、交通事故、地震和结构老化等。

2. 内部缺陷产生的原因

（1）设计方面：结构受力分析错误、布筋不当、结构不合理、计算上出现差错、图纸不完整，而造成结构强度不足、稳定性不好、刚度不足等。

（2）施工不当方面：施工质量不好，施工中所使用材料的规格与性能不符合要求，操作违反规程，钢筋绑扎不规范，模板支立不当，骨料过密，振捣不实。

（3）营运中的外部因素：交通量增加，荷载重量加大，地震、洪水、泥石流等自然灾害的影响，以及海水、污水和化学物的侵蚀作用等。

（三）混凝土桥梁结构缺陷的危害

混凝土桥梁长年累月受外界各种因素的影响，随着时间增长，其缺陷不断扩大。由于表层损坏，使保护层减薄或钢筋外露，导致钢筋锈蚀，严重时就会削弱结构的强度和刚度，致使桥梁结构破坏。有些表层损坏还会向深度发展，造成混凝土强度逐渐降低，危及结构安全使用，从而缩短桥梁的寿命。

（四）混凝土桥梁结构表层缺陷检查和修补材料

为了保证桥梁结构具有足够的承载能力，延长使用寿命，就得及时检查出结构的各种缺陷并及时维修。

1. 表层缺陷检查及分析

（1）表层缺陷检查

在发现混凝土桥梁结构表层产生缺陷时，应对其进一步检查，观测其发展变化，以便区别情况进行处理。实施修补前，应对缺陷进行实地检查，收集材料，进行材料取样；对缺陷产生的原因、现状、发展趋势等进行周密的调查研究，确定缺陷的程度和性质。量测结构的截面，调查结构的周围环境、影响因素及其特殊要求，做好施工前的资料汇集、整理工作。确定缺陷部位、位置、形式、走向、深度、宽度（或面积）及发生的时间。了解结构的施工时间，查看施工记录，分析原材料组成、物理力学性能，考查交通量状况、养护措施、维修方法等。

（2）表层缺陷分析

根据结构受力状况、缺陷产生原因与发展趋势，用以分析缺陷对结构的影响程度。特别要注意，缺陷的存在仅是对结构表面产生了影响，对其功能没有影响。修补方案应在分析比较的基础上，认真选择。修补方案一经确定，应做好各项有关准备工作，做好施工组织和施工计划。

2. 表层损坏混凝土的清除

在对缺陷进行修补前，先必须把已损坏的混凝土除掉，直到露出完好的混凝土，并除去钢筋上铁锈。其常用方法的消除如下所述。

（1）人工凿除

对于浅层或损坏面积较小的构件，一般可采用手工工具凿除。

（2）气动工具凿除

对于损坏面积较大，且有一定深度的缺陷，如内部蜂窝、空洞，一般可以采用气动工具凿除，对于个别部位可用手工工具补凿。

（3）高速射水清除法

对于浅显损坏层，且面积较大的缺陷，可用高速水流冲射法除去混凝土损坏部分。

以上方法可以根据当地的实际情况斟酌采用。

3. 表层缺陷修补常用材料

修补混凝土桥梁缺陷，首先选用与原结构相同的水泥混凝土和水泥砂浆，其水泥和骨料的品种应与原混凝土的相同。但是,常常见到修补的结构往往再次破坏,大多数情况下都是由于新旧混凝土之间黏结效果差,或者新旧混凝土之间产生的收缩不均,因而导致界面产生应力,使得新旧结构发生脱离。因此,黏结技术和黏结材料在修补混凝土结构中应受到重视。

(1)混凝土材料

一般采用与原结构混凝土级配相同的材料,或者比原结构更高一等级的细石混凝土材料,水泥取 C40 以上等级;水灰比尽量取小值,并且通过实验来确定,必要时可以加入减水剂来调节其和易性。

(2)水泥砂浆

最好采用与原混凝土相同品种的水泥拌制的水泥砂浆;配合比一般要通过实验求得。水泥砂浆的修补,可以采用人工涂抹填压、喷浆修补等方法。

(3)混凝土胶黏剂

不同的混凝土胶结材料,可以根据不同要求拌制成净浆、砂浆剂混凝土等几种形式,可以采用表面封涂、灌浆、黏结、浇筑等方法,对缺陷进行修补。其修补效果较为满意。常用的胶液是硅酸钠,固化剂可用氟硅酸钠进行配制。

(4)环氧树脂类材料

环氧树脂类有机黏结材料、环氧树脂类材料,对于修补混凝土结构表层缺陷,有较理想效果。常用修补材料包括有机环氧胶液、环氧砂浆、环氧混凝土等。

由于环氧树脂类材料的价格比较贵,因此,只有在修补质量要求比较高的部位,或其他材料无法满足要求时,才考虑使用。

(五)混凝土桥梁表层缺陷修补

1. 采用混凝土修补法

采用混凝土修补,适用于混凝土桥梁构件表面蜂窝、空洞以及较大范围破损等缺陷的修补施工。用混凝土材料进行缺陷修补时,应采用比原结构强度指标高一级的混凝土,混凝土粗骨料的粒径一般不大于 15 mm。在施工条件受限时可采用自流平混凝土。在修补前应对混凝土表面的蜂窝、空洞进行处理、凿毛,对已经生锈的钢筋除锈,并使旧混凝土表面保持湿润、清洁。混凝土施工技术要求应符合现行规范规定。混凝土浇筑施工时应注意振捣及养生。

混凝土修补的方法包括：直接浇筑、喷射、压浆、涂抹等。

混凝土修补完成后，要进行最后处理，特别要注意新老混凝土胶界面（缝）的处理，并要加强养护。

2. 采用水泥砂浆修补法

桥梁构件表面出现深度较浅、小面积缺陷的修补，可采用水泥砂浆人工涂抹法进行修补。其修补材料主要采用普通水泥砂浆或专用修补材料。当桥梁构件表面出现大面积浅层缺陷及破损时，可采用喷浆修补法。

（1）水泥砂浆人工涂抹法

人工对损坏部位进行人工压力性涂抹水泥砂浆。对于小面积的缺陷、损坏深度较浅的部位的修补，常常采用水泥涂抹法进行修补，采用的修补程序：准备、涂抹修补、反复压光处理、注意养护。修补一个月后，再次检查，并采用胶液进行防护。

（2）喷浆修补法

将水泥、砂和水的混合料，经高压喷射到修补部位的一种修补法。

①喷浆法的特点：可采用较小水灰比，较多的水泥，从而获得较高强度和密实度；喷射砂浆层与受喷之间有较高的黏结强度、耐久性较好；工艺简单、工效简单；消耗材料较多；当喷浆层胶薄或不均匀时，收缩率大，容易发生裂缝。

②喷浆的准备工作：对老混凝土进行凿毛处理，并将表面清理干净。修补要求挂网时，要进行制作和固定处理。喷浆前一小时，应对受喷面进行洒水处理，保持受喷面的湿润。

③喷浆的工艺流程：一般采用干料法。

④喷浆作业的内容及要求：喷浆前应准备充足的砂子和水泥，经拌和后要及时使用，注意保护。输料管道的设置：一般采用软管作为输料管，不宜采用短于 15 m 长的管道。气压和水压的选择：喷浆的压力应控制在 0.25 ~ 0.40 MPa 的范围。喷头操作：喷头与喷面的距离为 80 ~ 120 cm，喷头与受喷面要保持垂直。

⑤喷层厚度的控制与要求：喷射厚度与喷射的方式有关。如果分层喷射，要在第一层没有完全凝固时可以开始第二层的喷射，每层的间歇时间以 2 ~ 3h 为宜。如果上层已凝固，则采用刷子将层间松层刷除，然后再喷射，最后根据要求进行表面处理。注意养护、遮阴和保湿措施。

3. 采用混凝土黏结剂修补法

聚合物水泥砂浆适用于混凝土桥梁表面的风化、剥落、露筋及小面积的破损等缺陷的修补。聚合物水泥砂浆的性能指标应符合规范的规定。聚合物水泥砂浆修补施工过程中,应避免振动。修补部位的聚合物砂浆终凝前,应保护其表面免受雨水、风及阳光直射而产生的不利影响,并应及时养护。

(1)表面封涂修补

对于混凝土桥梁结构表面的风化、剥落、露筋及小面积的破损,可以人工用混凝土胶黏剂进行表面封涂修补。

人工表面封涂的注意事项:涂抹修补实施从低向高、由内向外,并保证在涂抹缺陷处的周边有 2 cm 黏层,涂抹厚度不小于 2.5cm。

(2)浇筑修补

当混凝土结构破坏较大且深入构造内一定深度时,可采用混凝土胶黏剂浇筑涂层的方法进行修补。

浇筑修补的注意事项:施工操作时,应避免荷载和振动。在修补强度达到原结构强度的 100%,才可承受荷载或振动。在修补部位,早期和中期都应避免高温影响,注重养护。

4. 采用环氧树脂修补法

环氧树脂具有较高的强度、抗腐蚀、抗渗透、能与混凝土材料牢固粘贴,是一种较好的修补材料。但是,环氧树脂价格较高,工艺要求高,通常在特别需要的情况下才使用。采用改性环氧砂浆(混凝土)修补混凝土表面缺陷时,改性环氧基液的安全性能指标应符合国家标准、规范的有关规定。涂抹改性环氧砂浆(混凝土)修补前,应先在已凿毛的混凝土表面涂一层改性环氧基液,使旧混凝土表面充分浸润。立模浇筑改性环氧混凝土的工艺要求与浇筑普通混凝土的基本相同,但应防止扰动已涂刷的改性环氧基液。浇筑时应充分插捣,反复压抹平整。改性环氧砂浆施工温度宜为 20±5℃,高温或寒冷季节应采取有效措施控制温度。

(1)修补表面处理的一般技术要求

混凝土表面要求做到无水湿、无油渍、无灰尘和其他污物,无软弱带。对混凝土面加以凿毛,保持平整、干燥、坚固、密实。混凝土表面凿毛可以采用人工、高压水或空气吹净,或采用风沙枪喷砂除净。

(2)修补施工的工艺要求

涂抹环氧树脂基液：采用人工或喷枪，使混凝土表面充分被环氧树脂基液所湿润（厚度不超过1mm）。间隔30～60 min后，再进行下一步工作。涂抹环氧砂浆：平面涂抹时，应均匀，每层厚度不超过15 cm，进行反复压抹；斜、立面涂抹时，适当增加浆内填料，再涂抹、反复压抹；底面涂抹时，使用黏度大的基液，环氧砂浆厚度在0.5 cm为宜，均匀压抹。浇筑混凝土时，其浇筑工艺与普通混凝土的基本相同。平面应充分插捣或反复压抹，浇筑侧面或顶面时均须架立模板，并插实密实。环氧树脂材料的养护时，注意：温度保持在20±5℃；养护时间，夏天2d，冬天7d以上；养护前3d，不应有水的浸泡或其他冲击。

(3)修补施工时的注意事项

环氧树脂材料的每次配置数量要严格控制，保证在2 h内用完为标准。配置的环氧树脂材料要注意放置地点或装置器皿。注意季节的温度影响，注意施工人员的安全，防止材料污染环境。

5. 混凝土表面防腐涂装法

处于严重腐蚀环境下的混凝土桥梁，其混凝土表面可进行防腐涂装。选择防腐材料型号时，应综合考虑桥梁所处环境的温度、湿度及养护条件等因素，采用能有效抵抗外部不良因素侵害的，经检验符合国家有关标准要求的材料。混凝土桥梁涂装前，应除去混凝土表面模板残渣、油污及杂物等，金属外露的锐边、尖角和毛刺应打磨圆顺。涂装前应使混凝土表面保持干燥、清洁。在混凝土表面处理检测合格后4h内进行混凝土表面防腐涂装施工。

(六)钢筋锈蚀处理

1. 钢筋锈蚀的原因

在钢筋混凝土结构中，钢筋处于水泥水化时所生成的强碱介质（pH为12～14）中，钢筋表面会形成钝化膜，可以抑制钢筋的锈蚀过程。如果有其他因素的影响，如混凝土不密实、保护层遭受破坏、太薄、混凝土碳化、裂缝或者外加剂的原因，将会导致钢筋锈蚀。从钢筋锈蚀机理上讲，钢筋在水、氧的条件下，会产生一系列的电化学反应，钢筋处于阳极，释放出电子，水中的氧离子吸收来自钢筋的电子呈现阴极，电子由阳极不断的流向阴极，产生腐蚀电流，在钢筋表面生成氢氧化亚铁薄膜，并与水、氧结合生成氢氧化铁，即铁锈。

2. 钢筋锈蚀的检测方法

半电池电位法是目前国内外检测混凝土中钢筋锈蚀状况的主要方法。这种检测法是利用混凝土中锈筋的电化学反应引起的电位变化来测定钢筋锈蚀状态,通过测定钢筋—混凝土作为一个电极与在混凝土表面的铜/硫酸铜参考电极之间的电位差,评定钢筋的锈蚀状态。

3. 钢筋锈蚀对混凝土结构的影响

钢筋的锈蚀可分为红色锈蚀和黑色锈蚀。氢氧化铁在水的作用下,进一步生成红锈(铁锈),一部分氧化不完全生成 Fe_2O_3(黑锈),在钢筋表面形成锈层。红锈体积可大到原来体积的 4 倍,黑锈体积可大到原来体积的 2 倍,从而使混凝土开裂、剥离,破坏了混凝土的受力性能,降低了材料的耐久性,影响了桥梁的使用寿命,削弱了钢筋的受力截面。铁锈层及其引起的混凝土裂缝,削弱了钢筋和混凝土的共同作用效果。

除此以外,钢筋的锈蚀还会使预应力钢筋、高强钢筋产生预应力损失或脆性破坏等的严重后果。

4. 钢筋锈蚀的一般修补方法和步骤

混凝土表层缺陷处理前应对生锈钢筋进行除锈,除锈后应及时涂刷阻锈剂。阻锈剂的质量及性能指标应符合有关现行国家标准的规定。采用阻锈剂溶液时,混凝土拌和物的搅拌时间应延长 1 min;采用阻锈剂粉剂时,混凝土拌和物的搅拌时间应延长 3 min。

凿除松脱、剥离等已损坏部分的混凝土。对钢筋进行防锈处理,涂以环氧胶液等黏结剂。立模、配料浇筑,喷浆、涂抹施工,对新喷涂或浇筑的环氧混凝土进行表画处理。对于锈蚀而出现的微小裂缝的部位,可以采用粘贴两层玻璃布的方法进行修补。

二、圬工桥梁缺损的维修

砌体表层损坏表现在抹灰层、砌缝脱落、砌体表面麻面、起皮、起鼓、粉化和剥落等。如果处理不及时,砌体表层损坏将会向深度发展,造成内部材料的变质、酥化,使砌体强度降低。其常见的修补方法有以下几种。

(一)勾缝修补

对于砌缝砂浆的脱落、松散,都需要重新进行勾缝修补。勾缝时,可用手凿或风动凿子凿去已破损的灰缝,深度 3~5 cm,用压力水彻底冲洗干净,再用 M10 以上的水泥浆重新勾缝。采用的方法是用抹子把砂浆填入缝内,再用勾缝器压紧,形成凹形缝,切去飞边使其密实。

(二)抹浆或喷浆整治砖石表面风化

对于砌体表面风化、剥落、蜂窝、麻面,可以采用抹喷一层M10以上水泥砂浆进行防护。其防护步骤是:先清理风化、剥落的表面;再将凿毛暴露的完好面用水冲洗干净表面并保持湿润;然后再分别抹浆或喷浆,一般每层厚度10~15 mm。

(三)表面局部修补

对于砌体表面出现局部损伤,脱落不太严重时,可以将破损的部分清除,凿毛清洗,再用M10水泥砂浆分层填补至需要的厚度,并将其抹平。如果砌体表面损坏深度和范围较大时,可以在新旧结构结合处设置牵钉,必要时挂钢筋网,立模板,浇筑混凝土。

(四)镶面石修补

局部破损,则可以个别更换。如果破损面较大,则要在原结构上安置带倒钩的套扣,加强与新镶面的承托。

三、桥梁裂缝修补

圬工桥梁、混凝土及钢筋混凝土桥梁均可能存在不同程度的裂缝。为了恢复桥梁结构的整体性,保持其强度、刚度、耐久性,使其更加美观,应对这些裂缝进行仔细的检查、评价,并进行针对性的维修。

(一)裂缝的表面封闭修补法

桥梁结构裂缝的表面封闭修补常用方法有填缝法、表面抹灰法、表面喷浆法、凿槽嵌补法和加箍封闭法等。

填缝法常用于砖石砌体轻微裂缝的简单修理。填缝法的操作步骤为:首先将缝隙清理干净,根据裂缝宽度选择相应的勾缝刀、抹子、刮刀等。填缝所用水泥砂浆(1∶2.5或1∶3)强度不得低于原灰浆的强度。

表面抹灰法的操作步骤为:将水泥浆、水泥砂浆、环氧基液、环氧砂浆等材料涂抹在裂缝部位的砖石砌体或混凝土表面上。

水泥砂浆涂抹法的操作步骤为:先将裂缝附近的混凝土表面凿毛(糙面应平整)、洗刷干净后,洒水使之保持湿润(但不可有水珠)。然后将水泥砂浆(1∶1~1∶2)涂抹其上,涂抹时应先用纯水泥浆涂刷一层底浆（厚度 0.5～1.0mm），在将水泥砂浆一次或分次抹完（厚度越厚，所需次数越多）。涂抹的总厚度一般为 10～20 mm。最后用铁抹压实、抹光，配制砂浆时，砂子不宜太粗，以中细砂为宜，水泥可用普通水泥（标号不宜低于 32.5 号）。夏季施工时，应防止阳光直射，在涂抹 3～4h 后应洒水养护。冬季施工时，应注意保温，避免因受冻而降低水泥强度

环氧砂浆涂抹法的操作步骤为：先在裂缝上口凿一宽 1～2cm，深约 0.5cm 的 V 形槽，槽面应尽量平整。再用钢丝刷或竹刷刷净缝口，凿去浮渣，用手持式皮风箱吹清缝内灰砂并烘干混凝土表面。在裂缝外用蘸有丙酮或二甲苯的纱头洗擦一边，保持槽内混凝土面无灰尘、油污等。在裂缝周围涂一层环氧浆液，若裂缝较深，在垂直方向可静力灌注（环氧浆液可灌入 0.5 mm 的细缝中）。最后嵌入环氧砂浆，用刮刀将其平面与原混凝土面齐平，待环氧树脂硬化后（常温 20～25℃时，约需 6～7d），即可应用。注意：该方法中施工人员应做好防火、防毒工作。

表面喷浆法的操作步骤为：先对需要喷浆的结构表层仔细敲击，敲碎并除去剥离的部分。若为钢筋混凝土，还须清除露筋部分钢筋上的铁锈。接着将裂缝表面凿毛（V 形槽），并用水冲洗结构物表面，在开始喷浆前将基层湿润一下。最后喷射一层密实、高强的水泥砂浆保护层以封闭裂缝。根据裂缝的部位与性质及修理的要求与条件，该方法可分为无筋素喷法、挂网喷浆法等。

凿槽嵌补法的操作步骤为：先沿混凝土裂缝凿一条深槽，槽形根据裂缝位置和填补材料而定（多采用 V 形槽）。再将槽两边混凝土修理整平，将槽内清洗干净。最后在槽内嵌补黏结材料（当填补水泥砂浆时，应先保持槽内湿润且无积水；当填补沥青或环氧材料时，应先保持槽内干燥）。

加箍封闭法主要用于钢筋混凝土梁的主应力裂缝的加箍处理。选用的直箍或斜箍可由扁钢焊成或圆钢制成，设箍方向应与裂缝方向垂直，箍、梁上下面接触处可垫以角钢。

（二）裂缝的表面粘贴修补法

表面粘贴法是用胶黏剂将玻璃布或钢板等材料粘贴在裂缝部位的混凝土面上。现介绍粘贴玻璃布法与粘贴钢板法。

1. 粘贴玻璃布法

粘贴玻璃布法所用的玻璃布由无碱玻璃纤维织成，耐水性好、强度高。它又可分为无

捻粗纱布、平纹冰、斜纹布、缎纹布、单向布等多种。其中,无捻粗纱布因强度高,气泡易排除,施工方便,最为常用。

玻璃布在使用前必须除去油蜡(玻璃布在制作工程中加入了含油脂和蜡的浸润剂),以提高粘贴效果。玻璃布除油蜡的方法有两种:一种是将其在碱水中浸泡 30~60 min,再用清水洗净;另外一种是将其放在烘烤炉上加温到 190~250℃,使油蜡燃烧(会产生很多灰尘),烘烤后将玻璃布在浓度 2%~3% 的碱水中煮沸 30 min,取出用清水洗净并晾干。其中后一种方法效果较好。

粘贴前先将混凝土面凿毛,并冲洗干净,使表面无油污灰尘,若表面不平整,可先用环氧砂浆抹平。粘贴时,先在粘贴面上均匀刷一层环氧基液(不能有气泡),接着展开、拉直玻璃布,放置并抹平使之紧贴在混凝土表面,用刷子或其他工具在玻璃布面上刷一遍,使环氧基液浸透玻璃布并溢出,在该玻璃布上刷环氧基液。按照同样方法粘贴第二层玻璃布(为了压边,上层玻璃布应比下层的宽 1~2 cm)。

2. 粘贴钢板法

首先按所需尺寸切好钢板,用打磨机研磨,使其表面露出钢的本色。修凿裂缝附近混凝土,表面使其平整,用丙酮或二甲苯擦洗修补部位的混凝土表面及钢板面以去除黏结面的油脂和灰尘,在钢板和混凝土粘贴面上均匀地涂刷环氧基液黏结剂。用方木、角钢和固定螺栓等均匀地压贴钢板,待养生到所需时间,拆除方木、角钢等材料,并在钢板表面上再涂刷一层养护涂料(如防锈油漆)。

(三)裂缝的压力灌浆修补法

压力灌浆法一般用于裂缝多且深入结构内部或结构有空隙的部位。它通过施加一定的压力,将浆液灌入结构内部裂缝中,以封闭裂缝,恢复并提高结构强度、耐久性和抗震性。该方法依据灌入浆材的不同,又可分为水泥灌浆法(灌浆材料为纯水泥、水泥砂浆、水泥黏土、石灰、石灰黏土、石灰水泥)和化学灌浆法(灌浆材料为环氧树脂类浆液、丙烯酸酯类浆液、水玻璃类浆液、丙烯酰胺类浆液、丙烯酸盐类浆液、聚氨酯类浆液等)。

1. 水泥灌浆修补法

水泥灌浆修补法的施工要点如下:

(1)灌浆前应再仔细检查一遍裂缝,确定修补的数量、范围、钻孔的位置及浆液数量。

(2)钻孔时,一般不可顺着裂缝方向,钻孔轴线与裂缝面的交角以大于 30° 为宜。

（3）钻孔完毕后应清孔,可用水由上向下冲洗各孔。用水冲净后,再用压缩空气将各孔吹干。孔眼的冲洗、吹风是按由上向下、一横排接一横排的顺序进行的。

（4）灌浆前应先将结构中大的裂缝与孔隙堵塞起来,以防灌浆时浆液通过它们流到表面（即止浆、堵漏处理）。止浆、堵漏主要有三种方法:用水泥砂浆或环氧砂浆涂抹,用环氧胶泥粘贴、用棉絮、麻布条等嵌塞等。

（5）灌浆前应作压水或压风,以检查孔眼畅通情况及止浆效果。

（6）通过结构上人工钻成的孔眼将水泥浆液灌入。

（7）圬工结构灌浆时,水泥标号一般不低于325号,灌浆压力一般为0.1~0.304 MPa。

（8）混凝土、钢筋混凝土结构灌浆时所用的水泥标号一般不低于425号,灌浆压力一般为0.405~0.608 MPa。

（9）当工程量较大时,可采用灌浆机、灌（压）浆泵、风泵等加压设备。当工程量较小时,可采用打气筒状的注射器。

2. 化学灌浆修补法

化学灌浆修补法的施工要点如下:

（1）灌浆前应先对修补部位的裂缝情况进行详细的检查、记录,做好定量和定性的分析。据此计算和安排有关灌浆材料配量、埋嘴、灌浆注射等工作。

（2）在裂缝两侧画线之内用小锤、手铲、钢丝刷等工具将构件表面整平,凿除突出部分,再用丙酮擦洗,清除裂缝周围的油污（不要将裂缝堵塞）。

（3）应选择大小合适、自重尽可能轻的嘴子。嘴子的布置原则是:宽缝稀,窄缝密;断缝交错处单独设嘴;贯通缝的嘴子设在构件的两面交错处。

（4）埋嘴前,先把嘴子底盘用丙酮擦洗干净,然后用灰刀将环氧胶泥抹在底盘周围,骑缝埋贴到构件裂缝处（不要将嘴子和裂缝灌浆通道堵塞）。

（5）埋嘴后,应封闭其余裂缝,进行嵌缝或堵漏处理,以保证浆液将裂缝填充密实、防止浆液流失。裂缝封闭方法为:①对于裂缝较小的混凝土构件,先沿裂缝走向均匀地涂刷一层环氧浆液（宽7~8cm）,再在其上分段紧密贴上一层玻璃丝布（宽5~7 cm）。在嘴子底盘周围5~10 mm的范围内不贴玻璃丝布,可用灰刀沿其周围先抹上一层环氧胶泥（鱼脊状）,再刷上一层环氧浆液。②对于裂缝较大的混凝土构件,先沿裂缝用风镐凿成V形槽（宽5~10 cm,深3~5cm）,再清除槽内松动的碎屑、粉尘,最后向槽内填塞水泥砂浆。

（6）在前一步骤完成一天以后，应进行压水或压气，以检查裂缝封闭及孔眼畅通情况。

（7）化学灌浆可采用两种工具：一种是手压泵，裂缝较大时采用；一种是灌浆注射器，裂缝较细微、灌浆量不大时采用。两者灌浆时均应保证泵或注射器针头与嘴子的严密连接，不能漏气。前者与灌嘴可用聚氯乙烯透明塑料管连接，后者可将气门芯套在针头上，再将针头插入灌浆嘴内进行灌浆。

（8）灌浆时应注意压力的控制。当裂缝较宽，进浆通畅时，压力应小（手压泵泵压控制在 0.1~0.2 MPa）。当裂缝细微、进浆困难时，压力应大（手压泵泵压控制在 0.4MPa 左右）。用灌浆注射器注射主要靠手的推力，以灌得进浆液为准。

（9）灌浆的次序应事先标定。灌浆次序标定原则是：竖向裂缝先下后上，水平裂缝由低端逐渐灌向高端，贯通裂缝在两面一先一后交错进行。灌注过程中应随时注意排气。每灌完一个嘴子，不要急于转移器械，稳压几分钟待所修补裂缝吃浆饱满再灌下一个嘴子。在每个灌完的嘴子上绑扎一段透明塑料管，以便其溢浆时可立即扎死管子。

（10）灌浆完毕待浆液聚合固化后，拆除灌浆嘴，并用环氧胶泥抹平。在每一道裂缝表面再刷一层环氧树脂水泥浆，以确保封闭严实。

水泥灌浆修补法的施工时的安全注意事项如下：①施工现场注意通风，以防技术人员呼吸中毒。②灌浆材料应密封储存。③施工人员应佩带口罩、橡胶手套、防护眼镜等。④身体接触到环氧树脂材料时不可用丙酮等溶剂清洗，应先用锯木屑或去污粉擦除，再用肥皂热水清洗。⑤施工器械可用丙酮、甲苯等溶剂或热水清洗。⑥施工现场严禁明火，注意器械与残液的回收，以防污染环境。

（四）裂缝修复质量检验与验收

表面封缝材料固化后应均匀、平整，不出现裂缝，无脱落。

当注入裂缝的胶黏剂达到 7d 固化期时，应采用取芯法对注浆效果进行检验。芯样检验应采用劈裂抗拉强度测定方法。当检验结果符合下列条件之一时为符合设计要求：①沿裂缝方向施加的劈力，其破坏应发生在混凝土内部（即内聚破坏）。②芯样破坏虽有部分发生在界面上，但这部分破坏面积不大于破坏面总面积的 15%。

第三章　桥梁检查

第一节　桥梁检查的分类、内容与方法

一、桥梁检查的分类

在我国,按照桥梁的使用用途来划分,在役桥梁分属公路、市政及铁路三个主要行业。一般根据行业管理的要求,考虑到桥梁结构的用途、重要性差异等因素,各个行业管理部门制订了相应的养护规范。《公路桥涵养护规范》和《城市桥梁养护技术标准》都根据桥梁检测的深度、内容不同将桥梁检测分为三大类别。具体说来,《公路桥涵养护规范》按照桥梁检查的范围、方式和检查结果的用途,分为经常检查、定期检查和特殊检查三大类;《城市桥梁养护技术标准》按照桥梁检查的内容、周期、评估要求,分为经常性检查、定期检测和特殊检测。

（一）《公路桥涵养护规范》中的分类

1. 经常检查

经常检查是对桥梁构筑物及附属设施进行日常巡视检查,一般采用目测方法,也可配以简单工具进行测量。经常检查应由专职桥梁养护管理人员或有一定经验的工程技术人员负责。

按桥梁类别、技术状态等级分别确定经常检查周期。一般结构的桥梁,其经常检查每月一次,最长周期每季度至少一次,遇恶劣天气、汛期、冰冻等特殊情况周期宜缩短,特殊情况可设专人看护。当场填写"桥梁经常检查记录表",登记所检查项目的缺损类型,估计缺损范围,为养护维修计划的制订提供依据。

经常性检查过程中发现重要病害或病害发展较快、影响桥梁的正常使用、危及车辆与行人安全时,应及时采取相应措施并立即向主管部门报告,以便桥梁结构得到及时的养护、保养或紧急处理,对需要检修和一些重大问题提出专门报告。

2. 定期检查

定期检查是按规定的周期,对桥梁主体结构及其附属构造物跟踪的全面检查。定期检查要求具有丰富的实践经验、受过专门桥梁检查培训并熟悉桥梁设计、施工等方面知识的工程师来进行。桥梁定期检查采集的数据作为桥梁养护管理系统中结构技术状况动态参数,为评定桥梁使用性能提供基本数据,并据此来确定结构维修、加固或更换的先后次序。

定期检查以目测为主,辅以必要的测量仪器、探查工具、望远镜、照相机和现场用器材等设备进行。通过对结构物及其材料进行彻底的、视觉的和系统的检查,建立和完善桥梁管理与养护档案。

尽管经常检查和定期检查必要时可辅助以简单手持工具进行检查,但是由于桥梁外观检查是以目测为主的,检查结果的评定大多是基于经验,所以这两类检查比较适合于桥梁管理与养护部门。

3. 特殊检查

桥梁特殊检查是采用特定的物理、化学或无破损检测手段对桥梁一个或多个组成部分进行的全面察看、测强、测伤或测缺,旨在找出损坏的明确原因、程度和范围,分析损坏所造成的后果以及潜在缺陷可能给桥梁结构带来的危险,为评定桥梁耐久性和承载能力以及确定维修加固工作的实施提供依据。桥梁特殊检查分为应急检查和专门检验。

(1)应急检查

应急检查是指桥梁遭受地震、洪水、风灾、车辆撞击或超重车辆自行通过等紧急情况或发生突发性严重病害时,为及时得到构筑物状态的信息而进行的检查。应急检查由上级管理机构的专职桥梁养护工程师主持。应急检查应首先进行现场勘查,根据桥梁是否破损,必要时采用专门的仪器设备或试验等特殊手段和科学分析方法,查明桥梁病害原因、破损程度和承载能力,以便采取相应的加固、改造措施。

(2)专门检查

专门检查是对桥梁结构及部件的材料质量和工作性能所存在的缺损状况进行详细检测、试验、判断和评价的过程。如遇到下列情况,应进行专门检查:①定期检查中难以判明桥梁损坏程度和原因。②不能确定承载能力和要求提高载重等级的桥梁。③技术状况为四、五类的桥梁。④超过设计年限,需延长使用的桥梁。⑤常规定期检查发现加速退化的桥梁构件,需要补充检测的桥梁。

专门检查的准备工作应收集以下材料:竣工文件、历次桥梁定期检查和应急检查报告、历次维修资料以及交通统计资料等。当原资料不全或有疑问时,可现场测绘构造尺寸,测试构件材料组成及性能,勘查水文地质情况。

特殊检查一般由现场检测和实验室测试分析两大部分构成。现场检测可分为一般检查和详细检查两个阶段,一般检查如同定期检查那样对结构及其附属设施的所有构件或部位进行彻底、视觉和系统的检查,记录所有损坏的部位、范围和程度见一般检查的结果是构成是否进行详细检查的依据,详细检查主要是对一些重点部位或典型桥孔采用一些专门技术和设备进行深入而细致的检测。

(二)《城市桥梁养护技术标准》中的分类

1. 经常性检查

经常性检查应对结构变异、桥及桥区施工作业情况、桥面系、限载标志、交通标志及其他附属设施等状况进行日常巡检。经常性检查以目测为主,现场填写"城市桥梁日常巡检日报表",登记所检查城市桥梁的缺损类型、维修工程量,提出相应的养护措施。经常性检查应按桥梁的类别、级别、技术等级分别制定巡检周期。对重要桥梁,或恶劣天气、汛期、雨季、冰冻等特殊情况,周期宜短,特殊情况可设专人看护。

2. 定期检测

定期检测分为常规定期检测和结构定期检测。常规定期检测一般每年一次,可根据城市桥梁实际运行状况、机构类型和周边环境等适当增加检测次数。结构定期检测是在规定的时间间隔进行,Ⅰ类养护的城市桥梁宜为1~2年,关键部位可设仪器监控测试;Ⅱ~Ⅴ类养护的城市桥梁间隔宜为6~10年。

常规定期检测要对每座桥梁制定相应的定期检测计划和实施方案,以目测为主,并配备如照相机、裂缝观测仪、探查工具及现场的辅助器材与设备等必要的量测仪器。Ⅰ类养护的城市桥梁,结构定期检测应根据桥梁检测技术方案和细节分组,并加以标识,确定相应的检测频率;Ⅱ~Ⅴ类养护的城市桥梁,结构定期检测应包括桥梁结构中的所有构件。

3. 特殊检测

特殊检测是由专业人员采用专门技术手段,并辅以现场和实验室测试等特殊手段进行详细检测和综合分析。下列情况下,城市桥梁应进行特殊检测:

(1)遭受洪水冲刷、流冰、漂流物、船舶或车辆撞击、滑坡、地震、风灾、火灾、化学剂腐蚀、超载车辆通过等特殊灾害造成结构损伤的城市桥梁。

(2)常规定期检测中难以判明是否安全的城市桥梁。

(3)为提高或达到设计承载等级而需要进行修复加固、改建、扩建的城市桥梁。

(4)超过设计年限,需延长使用的城市桥梁。

(5)常规定期检测中桥梁技术状况Ⅰ类养护的城市桥梁被评定为不合格级,Ⅱ~Ⅴ类养护的城市桥梁被评定为D级或E级。

(6)常规定期检测发现加速退化的桥梁构件需要补充检测的城市桥梁。

总体说来,《公路桥涵养护规范》和《城市桥梁养护技术标准》对检测类别划分的出发点、检查手段、检查层次基本一致,规定的各类别检测深度、内容也基本相同,其实质都是要深入地检查桥梁缺陷和损伤状况,全面把握桥梁总体状况,为桥梁养护、进一步检测提供依据。不同之处在于,在检查周期、具体表述、评价规定等方面有所不同,同时,《城市桥梁养护技术标准》提出了结构定期检测的概念,对一些特殊、复杂且重要的结构提供了更有针对性、可操作性的检测手段。

二、桥梁检查内容与方法

不同阶段桥梁检查侧重点不尽相同,所涉及的检查内容亦有差别,经常检查主要从外观方面目测主体结构及附属设施有无明显的病害特征;定期检查是按细部结构对桥梁进行全面的技术检查,并依此建立和修正桥梁技术档案;特殊检查针对桥梁存在的具体问题或为满足特殊要求而进行的,并借助检测仪器对结构材料等进行定性或定量分析。

桥梁结构应首先观察是否有异常变形、振动或摆动,如上部结构竖向线是否平顺、拱轴线变位状况、桥垮结构有无异常振动或摆动等状况;然后检查各部位的技术状况,寻找发生异常的原因。

评定结构、构件的损坏和总体使用状况在现场完成下列工作:①现场铰核桥梁基本数据。②当场填写"桥梁定期检查数据表",记录各部件缺损状况并做出技术状况评分。③实地判断缺损原因,估计维修范围及方式。④对难以判断损坏原因和程度的部件,提出特殊检查的要求。⑤对损坏严重、危及运营安全的危险桥梁,提出暂时限制交通的建议。⑥根据桥梁技术状况,确定下次检查时间。

(一)桥梁检查内容

桥梁外观检查通常应包括下列内容:

(1)桥面是否平整,有无裂缝、局部坑槽、波浪、碎边,桥头是否跳车。

(2)桥面和地道泄水孔、管是否损坏、堵塞。

(3)桥面是否整洁,有无杂物堆积。

(4)伸缩装置是否存在堵塞变形、漏水、跳车、连接件松动等现象。

(5)人行道铺装是否破损,栏杆、护栏是否破损、断裂,装饰材料有无损坏。

(6)上下部结构位置是否有异常变化。

(7)墩台、锥坡、翼墙、桥台后背墙,有无局部开裂、破损、坍塌等;桥头排水沟、人行台阶是否完好。

(8)声屏障是否倾斜、破损,屏板、隔音板、安全网的固定端是否松动。

(9)交通信号、标志、标线、照明设施是否完好。

(10)其他部位是否有较明显的损坏。

为了客观地评价桥梁的技术状况,进而正确地制订桥梁加固改造的方案,必须对桥梁的技术状况及其缺陷进行全面而细致的现场检查。同时还应全面了解桥梁的设计、施工、使用和养护等方面的情况,以便对桥梁的质量和承载能力进行分析,做出评价。

受人力、仪器和其他条件的限制,桥梁检查时,应根据结构的受力特性进行重点检查。重点检查的部位一般包括:应力集中处、截面突变的部位、构件的薄弱部位、结构的控制截面或控制构件等。桥梁上述部位的缺陷,对桥梁的安全及耐久性起着关键的作用,容易产生裂缝和导致其他缺陷的产生。这些部位的缺陷往往会发展成为结构的重大缺陷,危及整座桥梁的安全和耐久性。

(二)桥梁检查的方法

桥梁检查工作依据桥梁结构,分部件、有次序、按规定进行。一般桥梁检查按照桥面系、上部结构、下部结构三大部分进行。

1. 桥面系检查

桥面系的外观检查,可以按桥面系组成部分依次检查,具体内容:

（1）桥面铺装层裂缝与破损程度、桥头跳车、防水层漏水以及其他病害，人行道及铺砌破损情况。

（2）伸缩缝破损、变形、脱落、淤塞、填料变形、漏水程度、跳车原因。

（3）人行道构件、栏杆和护栏有无断裂、错位、缺件、剥落、锈蚀等状况。

（4）桥面横坡、纵坡顺适度，积水状况；排水设施完好程度。

桥面铺装是最容易产生损坏的部位之一，桥面铺装产生缺陷或损伤后易导致行车打滑，桥面凹凸会引起车辆对桥梁的冲击效应增大，使桥面行车道板等的耐久性降低。在伸缩缝的附近，桥面铺装与伸缩缝之间的高低差容易引起伸缩缝装置的破坏。

桥面铺装的检查首先是调查桥面铺装的类型，然后检查铺装层存在的主要缺陷。沥青桥面铺装主要缺陷与损伤现象有：轻微裂缝（发状或条状）、严重裂缝（龟裂、纵、横裂缝）、坑槽、车辙、拥包、磨光和起皮等。混凝土桥面铺装的主要缺陷及损伤现象有：裂缝、剥落、坑洞、磨光等。

各种伸缩缝装置的缺陷往往表现在伸缩缝本身的破坏损伤、锚固件损坏、接头周围部位后铺筑料的剥落、凹凸不平等，这些缺陷导致伸缩缝漏水，加速主梁支座和盖梁的恶化。在具体检查时可目测，必要时采用水准仪测量。

桥面排水设施的损坏以及尘土、淤泥等堵塞泄水孔致使桥面排水不畅，往往导致桥面积水，影响桥梁主要承重结构构件的耐久性能，降雨时引起车辆滑移，导致交通事故。桥面排水是否顺畅、设施有无缺陷，在降雨和化雪时表现得很明显，检查最好在降雨或化雪后进行。

栏杆扶手及人行道的检查，主要检查部件本身破坏情况，以及相互连接处是否脱落。对于人行道，检查路缘石是否有破碎，人行道与桥面板连接的牢固程度等。

2. 支座的检查

支座的检查内容包括检查支座功能是否完好，组件是否完整、清洁，有无断裂、错位和脱空现象，具体内容如下：

（1）简易支座的油毡是否老化、破裂或失效。

（2）钢板滑动支座和弧形支座是否干湿、锈蚀。

（3）摆柱支座各组件相对位置是否正确，受力是否均匀。

（4）四氟板支座是否脏污、老化。

（5）橡胶支座是否老化、变形。

（6）盆式橡胶支座的固定螺栓是否有剪断,螺母是否松动。

（7）辊轴支座的辊轴是否出现不允许的错位。

（8）探轴支座的辊轴是否倾斜。

（9）活动支座是否灵活,实际位移是否正常。

（10）支座上、下钢垫块是否有锈蚀。

（11）球形支座是否灵活、有效。

（12）支座垫石是否有破碎、腐蚀。

3. 桥梁上部结构的检查

上部结构,应首先观察是否有异常变形、振动或摆动,如上部结构线形是否平顺,拱轴线是否变形,桥跨有无异常的竖向振动或横向摆动等状况;然后检查各部件的技术状况和异常原因。

（1）钢筋混凝土与预应力混凝土桥上部结构的检查

①混凝土构件有无大于 0.2 mm 的裂缝;是否存在腐蚀、渗水、表面风化、疏松、剥落、露筋和钢筋锈蚀等现象;有无整体龟裂和混凝土强度降低现象。

②预应力钢束锚固区段混凝土有无开裂,沿预应力筋的混凝土表面有无纵向裂缝或水侵害。

③梁(板)式结构主要检查梁(板)跨中、支点、变截面处、悬臂端牛腿或中间铰部位;刚构和桁架结构主要检查刚构固结处和桁架节点部位的混凝土开裂和钢筋锈蚀等缺损状况。

④连接部位的缺损状况:梁与梁之间的接头处以及纵向接缝处混凝土表面有无裂缝;梁(板)接缝混凝土有无开裂和钢筋锈蚀;横向连接构件有无开裂;连接钢板的焊缝有无锈蚀,断裂;边梁有无横移或向外倾斜;预应力拼装结构拼装缝有无较大开裂等方面。

⑤拱桥主要检查主拱圈的拱脚、L/4、拱顶和拱上结构的变形,混凝土开裂与钢筋锈蚀情况,以及有无缺损。具体包括拱上立柱上下端、盖梁和横系梁以及拱腹的混凝土有无开裂、剥落、露筋和锈蚀;下、中承式拱桥的吊杆上下锚固区的混凝土有无开裂、渗水等,吊杆锚头附近有否锈蚀或断裂现象;双曲拱桥应检查拱肋间横向连接是否松动或缺损,拱波与拱肋结合处是否开裂,拱波之间砂浆有否松散脱落,拱肋及拱波顶是否开裂、渗水等。

⑥刚构桥梁主要检查各部位产生的裂缝,如跨中处、角隅处、支座处。

⑦连续梁和连续刚构桥主要检查跨中下挠变形,桥墩处梁顶部开裂。

⑧带有平曲线的梁式桥应每年对横向偏移进行检测。

（2）刚构桥上部结构的检查

①构件、特别是受压构件是否有扭曲变形、局部损伤。

②铆钉和螺栓有无松动、脱落、锈蚀或断裂，节点是否滑动错裂。

③焊缝及边缘（热影响区）有无脱焊或裂纹。

④防腐涂装层有无裂纹、起皮、脱落，构件是否腐蚀。

⑤钢结构表面是否有污垢、灰尘堆积和污水滴漏。

⑥主要节点高强螺栓的扭矩抽样检测。

（3）钢-混凝土结合桥梁上部结构的检查

①钢-混凝土结合梁桥检查的相关内容应符合钢筋混凝土桥梁相应的规定要求。

②桥面板纵、横向裂缝的位置、宽度、长度、密度及发展程度，必要时应局部拆除铺装层观测。

③支座附近桥面板的渗漏水情况。

④钢梁与混凝土结合桥面板之间的剪力连接件是否有破损、纵向滑移及掀起；桥面混凝土铺装层是否有鼓起、破损等现象。

（4）悬索桥上部结构的检查。

①索塔有无异常的沉降、倾斜，柱身、横系梁有无开裂、渗水和锈蚀。

②主索、吊杆和拉锁的防护层是否有破损、老化及漏水。

③悬索桥的索鞍、缆索股锚头和吊杆锚头及钢索出口密封处是否有漏水、积水和脱漆、锈蚀，拉索及阻尼垫圈式减振器是否有漏水、漏胶和老化。

④主梁应按其结构类型进行相应的检查。

⑤每年一次定期对主缆的索力和索箍高强螺栓紧固力进行测试，如测试结果异常，应查明原因，研究对策。

⑥每年雷雨季节到来之前，应对防雷系统——避雷器、避雷针、连接装置、线路、接地装置、地组等进行全面检查、维护，若检测不合格，应立即调整和处理，达到使用要求，确保使用安全。

（5）系杆拱桥上部结构的检查。

①吊杆及横梁节点区是否有滴水现象或产生铁锈臭味，套管或吊杆钢的外包防护层是否破损，吊杆钢丝束的防水情况及阻尼垫圈式减振器橡胶的老化变质情况。

②吊杆钢丝有否锈蚀,吊杆、特别是短吊杆钢丝束受力是否正常。

③锚具的封锚混凝土有否裂缝、腐蚀、表面积水,系杆锚固区附近的混凝土是否有开裂、剥落,锚固端结构是否异常,吊杆的锚夹具是否有松弛和锈蚀;吊杆锚头及吊杆与横梁节点区密封处是否漏水、积水和脱漆、锈蚀。

④桥面高程、拱肋轴线有无变化,桥墩桥台有无沉降。

⑤对于钢拱肋或钢管混凝土拱助,应检查钢管与混凝土是否存在脱空现象,涂装层是否脱落。

⑥斜拉索的保护层上部结构的检查:斜拉索的保护层,通车后前两年内每季度检查一次,以后每半年检查一次,并在损坏处做出标记,做好记录,及时予以处治。斜拉索受力是否正常,减振器的防水情况和橡胶老化变质情况。斜拉索两端的锚固处及锚头、拉索出口密封处、主梁纵、横向限位装置等部件,一般每年检查一次,发现有漏水、积水和脱漆、锈蚀时,应及时处理。设有辅助墩时,应检查基础有无不均匀沉降,以防止结构产生附加内力。主梁部分的检查,参照相同或相近的结构进行。索塔应检查变位情况、结构表面的破损情况,必要时可进行强度检测。索塔的扒梯、工作电梯、斜拉索检查设备,应每半年重点检查一次。索塔顶端避雷系统的检查按照有关规定执行。

4. 墩台与基础检查的内容

(1)墩台基础是否有滑动、倾斜、下沉。

(2)台背填土有无沉降裂缝或挤压隆起。

(3)混凝土墩台及盖梁有无冻胀、风化、腐蚀、开裂、剥落、露筋等,空心墩的水下通水孔是否堵塞。

(4)石砌墩台有无砌块断裂、脱开、变形,砌体泄水孔是否堵塞,防水层是否破坏。

(5)墩台顶面是否清洁,有无积水、泥土、杂物管理、滋生草木等。

(6)横系梁连接处是否开裂、破损。

(7)墩台防震设施是否有效。

(8)基础是否发生冲刷或掏空现象;扩大基础有无侵蚀;桩柱在水位涨落、干湿交替变化处有无磨损、露筋,环裂和水的腐蚀现象。

第二节　桥梁检测与评估

一、桥梁检测与评估概述

(一) 桥梁检测与评估的目的

对使用中的城市桥梁必须按照《城市桥梁养护技术标准》(CJJ 99-2017)中的相关规定进行检测评估,及时掌握桥梁的基本状况,以便采取相应的养护措施。

通过对城市桥梁实施必要的检测与评价,保证城市桥梁的安全运营和高效管理,使其在合理的养护下,达到可接受的安全水准,完成设计寿命期的预定功能;通过桥梁检测和评估可获得下列效益:

1. 掌握桥梁技术现况

实时的检测与评估使桥梁管理人员能够掌握桥梁结构是否损坏或服务功能是否降低,通过分析检测过程中得到的桥梁状况信息,可以及时采取相应的维护措施,消除危害桥梁的因素,提高桥梁的运营安全度和服役年限,保障公共运输安全。

较深程度的检测可以提供构件及材料的退化程度信息,包括退化形成的原因与退化对桥梁构件的影响程度,达到跟踪结构与材料的使用性能变化的目的,并使桥梁维护计划更具针对性,效率更高,降低维修成本。

2. 提供养护管理依据

桥梁由于营运使用多年,主要部位出现裂缝、错位、沉降等缺陷,通过检测评定确定桥梁各部损坏的程度及实际承载能力,为桥梁的养护及维修加固提供必要的依据;通过检测评估可以了解车辆和交通量的改变给桥梁运营带来的影响。原来按旧标准规定的荷载等级设计建造的桥梁,需要根据检测评估结果,确定现有桥梁的承载能力,以采取相应的管理维护措施,如限载或加固、提级等。

随着现代化工业建设的发展,特大型工业设备、集装箱运输逐渐频繁,超重车辆过桥需要通过检测评估,确定过桥可行性,并为临时加固提供技术资料。

桥梁遭受特大灾害时、如因地震、洪水等而受到严重损坏或在建造、使用过程中发生严重缺陷等(如质量事故、过度的变形和严重裂缝及意外的撞击受损断裂等),需通过检测评估为桥梁的修复加固提供可靠依据。

3. 积累桥梁信息数据

桥梁检查可以系统地收集、积累桥梁技术资料,建立动态数据库,为桥梁管理与评定提供第一手数据,检测数据是桥梁管理信息系统中数据库的主要信息来源,以此作为结构状态评估的基本依据,并为桥梁构件和桥跨的退化分析提供客观的数据,进而为管理人员决策提供必要的数据支持桥梁检测和评估数据信息的积累,是顺应现代化信息管理的需要,是桥梁信息管理系统的基础和关键步骤。

4. 发展桥梁设计、养护及管理理论

通过检测评估,给设计、养护及管理等部门提供反馈信息,推动养护工作的规范化与科学化,减少桥梁生命周期维护费用,检验桥梁结构的质量,反馈信息确保新建工程的可靠度,推动和发展旧桥评定及新结构的设计计算理论。

(二)桥梁检测与评估工作内容

城市桥梁的检测与评估工作应包括下列内容:①记录桥梁当前状况;②了解车辆和交通量的改变给设施运行带来的影响;③跟踪结构与材料的使用性能变化;④为桥梁状态评估提供相关信息;⑤建立桥梁结构性能数据记录;⑥为养护、设计与建设等部门提供反馈信息。

(三)桥梁检测分类

桥梁检测作业,依检测时机、详细程度、检测方法的不同,分类不同,具体如下。

1. 按程度分类

(1)一般检测:仅以目测或以简单的量测器具检测。

(2)详细检测:一般检测结果,无法充分评估桥梁构件的退化,必须进行更详细的检测,需特殊仪器及专业人员。

2. 按时机分类

(1)常规性检测:平时实施的桥梁异常状况及损伤检测。以对行人造成影响,需紧急维修的异常状况、损伤为检测重点。

(2)定期检测:定时对桥梁所有构件实施的全面检测,以及确认经常检测记录的桥梁异常状况、损伤。

（3）特殊检测：发生天灾（如台风、暴雨、地震造成的水灾及震灾）或人祸（如火灾或人为破坏）后，可能损伤桥梁结构所做的不定期检测。

3. 按方法分类

（1）非破坏性检测：检测时，不造成桥梁结构体损坏的检测方法。一般以目测或以声、光、电、磁等媒介进行间接的检测。

（2）破坏性检测：对桥体结构进行局部的破坏，以获取必要的检测资料，如钻芯取样检测。

（四）城市桥梁检测内容

城市桥梁检测的工作内容较多，涉及很多方面，一般来说，城市桥梁检测可分为成桥前和成桥后两个阶段。

1. 成桥前阶段

（1）桥位放样；

（2）钢材原材料；

（3）钢结构连接性能试验；

（4）预应力锚具、夹具和连接器试验；

（5）水泥性能试验；

（6）混凝土粗细集料试验；

（7）混凝土配合比试验；

（8）砌体材料性能试验；

（9）桥台背墙回填土压实标准试验；

（10）其他成品、半成品试验检测；

（11）地基承载力检测；

（12）基础位置、尺寸和标高检测；

（13）钢筋位置、尺寸和标高检测；

（14）钢筋加工检测；

（15）混凝土强度抽样检测；

（16）砂浆强度抽样检测；

（17）桩基检测；

（18）墩台位置、尺寸和标高检测；

（19）上部结构（构件）位置、尺寸检测；

（20）预制构件张拉、运输和安装强度控制试验；

（21）预应力张拉控制检测；

（22）桥梁上部结构标高、变形、内力（应力）监测；

（23）支架内力、变形和稳定性检测；

（24）钢结构连接加工检测；

（25）钢结构防护涂装检测。

2. 成桥后阶段

（1）主要几何尺寸和轴线线性检测；

（2）结构表观状况及各类病害检测；

（3）混凝土强度检测；

（4）混凝土碳化深度检测；

（5）钢筋位置及混凝土保护层厚度检测；

（6）混凝土缺陷检测；

（7）桥梁使用性能监测；

（8）桥梁静载试验；

（9）桥梁动载试验。

（五）常用仪器设备与标准

1. 检测设备

检测所需的设备和技术将随检测类型、性质和结构形式有所不同桥梁检测设备包括两类：检测辅助设备（到达被检查构件的设备）和检测工具设备。

（1）检测辅助设备

桥梁某些区域，不易到达检测，尤其高架立交的梁底、斜拉桥拉索或跨越河流的桥梁，为能接近构件检测，使检测结果更精确翔实，必须借助某些辅助设备到达构件，河南城市桥梁检测常用的检测辅助设备主要有高空检测车、桥梁检测车、移动检测桁车及桥下检测船等。

①爬梯、升降梯或吊索：梯子包括一般的木质或铝质梯子、电动升降机，主要用于检

测较高的桥梁构件,如桥塔;吊索配合牵引设备可用于高墩的检测,吊索可单独使用,也可结合简易工作平台。

②索缆检测篮:主要用于斜拉桥拉索检测和维修,在牵引设备牵引下,爬缆车行走于斜拉索上,可乘坐两人。

③移动检测桁车:一般位于桥梁的主梁底部或下承式桁架桥的顶部,可承载多名检测人员和检测及维修工具。

④桥下检测船或临时充气橡皮筏:跨越河道的桥梁往往需要借助船只才能到达梁底,进行相关的检测;对于通航的河流,可以租借航道部门的船只作为检测船,对于常规船只无法到达的小河浜,可携带临时充气橡皮筏,到现场后展开橡皮筏,检测结束后收起带走。

⑤高空检测车:车上装设活动折臂,折臂末端设置桶斗搭载检测人员。检测时,高空工作车行驶到被检测桥梁的下面道路上,利用工作车的移动及举高活动折臂,使检测员接近桥梁构件。一般用于检测跨线桥或较低的高架桥。

⑥桥梁检测车:一般使用于高桥墩的桥梁或跨河道桥梁的检测。检测时,检测车停驻在桥上,活动折臂向下延伸到桥面板下的构件,供检测员近距离检测构件,有两种形式:一种活动折臂末端仅设置桶斗搭载检测员(一般可搭载3人),另一种活动折臂末端设置平台(除可搭载人员外,并可装载工具,可供检测和维修)。

(2)检测工具设备

检测时应视检测类型和目的、有选择地携带必要的工具及设备,并于检测出发前做必要的整理或调整。为避免遗漏,应制定"携带工具设备表",供行动前逐项检视。

经常性检查和常规定期检测工具主要有以下几类:

①清洁工具:长柄扫帚、钢刷、刮刀、平头起子、铲子等;

②协助目视检测工具:望远镜、手电筒、放大镜、染色剂等;

③测量工具:钢卷尺、光标尺、裂缝观测仪、量角器、温度计等;

④记录工具:检测报告表、记事本、三角板、照相机(广角、近照、闪光灯)、粉笔或标示笔、标示牌等;

⑤其他设备:润滑油、工作套装(防雨,带胶靴)、医药箱、附工具袋的皮带(装检测工具)等。

结构定期检测和特殊检测的某些检测内容还需要使用以下的特殊工具设备:

①测量仪器:特殊情况下,需使用经纬仪、水准仪、智能全站仪等测量仪器,供精确测

量构件的位移、高程、距离和尺寸等。

②非破坏性检测仪器:为了解构件内部退化情形,提供构件退化评估,必要时需使用非破坏性检测仪器,包括上面提到的混凝土强度回弹仪、X射线(γ射线或超声波)裂纹探测仪、手提式混凝土钻芯取样机、氯离子测定仪、激光平整度仪、落锤式弯沉仪、路况摄像仪、透地雷达探测仪、测力仪、应变计、位移计、测振仪等。

③水中检测设备:当检测水面下墩台、基础冲刷或河道状况时,则需水中检测设备。若河道狭浅,可使用简单的探测方法,如钢筋、标杆等;若河道宽深,则需雇用潜水员,携带必要的设备,如水下相机或摄像机、探测水深设备、无线通话机等设备,协助水中检测。

2. 法律法规和规程规范

为了加强城市桥梁检测和养护维修管理,确保城市桥梁的完好、安全和通畅,充分发挥城市桥梁的功能,国家和地方相关部门颁发了一系列有关城市桥梁工程的法规、技术标准、设计施工规范和材料试验规程。对于某些采用新结构及新材料、新工艺的城市桥梁,有关城市桥梁规范、规程暂无相关规定的,可以借鉴国外或国内其他行业的相关规范、规程的有关规定。

二、经常性检查

(一)定义

经常性检查就是日常的巡检,由经过培训的专职桥梁管理人员或有一定经验的工程技术人员执行,以便随时发现问题,进行维修,它是针对较明显缺陷的检查,检查为桥梁表面的检查,主要对结构异常、桥及其桥区施工作业情况的检查和桥面系、交通标志、限载标志及其他附属设施等的外观情况进行日常巡检。

经常性检查的目的是确保结构功能正常,使结构能得到及时的养护和紧急处置,对需要检修的一些大问题做出报告该项检查往往使检查人员有机会在各种天气情况下对桥梁进行观察。

(二)检查周期

日常巡检的周期比较短,一般规定为1~7 d巡检一次根据《城市桥梁养护技术标准》(CJJ 99—2017)的相关规定,按照城市桥梁的养护等级不同,确定经常性检查的周期,具体如下:

(1) Ⅰ等养护的城市桥梁(Ⅰ~Ⅲ类养护的城市桥梁和位于集会中心、繁华地区、重要生产科研区及游览地区附近的Ⅳ、Ⅴ类养护的城市桥梁)巡检周期不应超过1 d,且由专人负责。

(2)Ⅱ等养护的城市桥梁(区域集会点、商业区及旅游路线或市区之间的联络线、主要地区或重点企业所在地附近的Ⅳ、Ⅴ类养护的城市桥梁)巡检周期不宜超过3 d。

(3)Ⅲ等养护的城市桥梁(Ⅴ类养护的城市桥梁及居民区、工业区的主要道路上的桥梁)巡检周期可在7 d之内。

(4)对重要桥梁,或遇恶劣天气、汛期、雨季、冰冻等特殊情况,周期宜短,特殊情况可设专人看护或设置。

(三)检查人员及设备

经常性检查应由经过培训的专职桥梁管理人员或有一定经验的工程技术人员负责。

城市桥梁养护管理单位应设置专职桥梁管理人员,负责所管辖桥梁的日常检查工作。未设置专职桥梁管理人员的城市桥梁养护管理单位应由有桥梁施工或养护管理经验的工程技术人员负责日常巡检。

(四)注意事项

日常巡查时应注意以下事项:

(1)日常巡查前,应由桥梁管理信息系统或人工制定当天要巡查的桥梁及巡查路线。

(2)巡查时,对中小跨径桥梁应不少于15 min的查看,所有规定项目均要逐一仔细检查。

(3)要求在桥区范围来回两次查看情况,在病害数量统计时,应采用累加方式,有缺陷且要求维修的项目要进行照相,并在《城市桥梁日常巡检日报表》的"病害说明"栏中注明相片编号和建议维修措施。

(4)经常性检查中的建议维修分为紧急维修和一般维修,维修处理时间应尽量快,分别为2 d内和5 d内。

(5)对一周范围内已提出建议维修的桥梁的相关项目,要求检查是否已经维修,并做记录。

(6)巡检过程中发现设施明显损坏,影响车辆及行人安全,应及时采取相应维护措施,包括现场纠正违章操作、在交警配合下暂时限制交通等,并立即向主管部门报告。

(7)经常性检查记录应每日整理归档,将相关信息数据录入桥梁管理信息系统,要求维修的项目需要提交维修部门限期处理,或在管理信息系统中进行相关的注明,以便系统辅助或自动安排日常维修事项。

(8)定期(如每月)提出经常性检查工作的总结和评价意见,以改进工作效率。

三、定期检测

(一)定义、实施周期及检测人员等

定期检测分为常规定期检测和结构定期检测两个层次,常规定期检测主要针对桥梁结构中常见的缺损及日常养护的实施效果,每年进行一次简易快速的结构技术状况的动态数据采集,并以书面报告及必要的影像资料,对设施的运行状态做出评定,是制订年度养护维修计划的主要依据。常规定期检测应由专职桥梁养护工程技术人员或实践经验丰富的桥梁工程技术人员负责,并应对每座桥梁制订相应的定期检测计划和实施方案。常规定期检测宜以目测为主,并应配备如照相机、裂缝观测仪、探查工具及现场的辅助器材与设备等必要的量测仪器。

结构定期检测的目的是以固定周期对桥梁结构安全进行检测:结构定期检测是评定桥梁结构的状况、结构的性能与承载能力,对桥梁结构状态的所有方面进行详细调查,确认和量化结构的退化程度。认定缺损原因和推荐适当的消除措施,包括养护、维修、加固措施或建议特殊检查。结构定期检测应由相应资质的专业单位承担,制订详细的检测方案并由主管部门审批。检测负责人应具有5年以上城市桥梁专业工作经验,结构定期检测周期视桥梁结构养护级别而定。

(二)主要检测技术

1. 外观检测

在定期检测中,外观检测是基本的技术手段。迅速查找桥梁构件的病害并进行正确的识别是外观检测的关键,需要检测人员通过一定的技术培训,并在现场实践中积累足够的经验。

实际操作中,除对相关病害进行翔实的记录外,应熟练使用数码相机拍照。拍照时,首先用粉笔圈出病害范围或描出裂纹走向等,并使用标示便贴或可反复擦写的标示牌,必须注明以下内容:病害所在的桥梁构件编号、发现日期、具体位置、病害形式与程度范围等。然后将标示牌置于病害附近,使用照相机拍照,现场需要评分的项目应进行评分,需要现场提出维修建议的也应现场决定。

2. 材料检测

在结构定期检测中,有时需要测定结构材料的强度,包括混凝土和钢材强度。

3. 专门检测

在结构定期检测中,常用的有混凝土的碳化深度测试、混凝土氯离子含量测定,钢筋锈蚀程度测试和钢结构超声波裂纹探测等。

（三）检测实施前的准备工作

现场检测工作开始前,首先要完成必要的准备工作,包括获取资料、安排设备等。

1. 获取资料

可从桥梁管理系统或桥梁档案室里获得即将检测的桥梁结构的相关资料和记录,检测人员需要研读以下信息：

（1）桥梁竣工图及相关信息。桥梁结构形式、桥孔数、桥梁类型（简支桥或连续桥或悬臂桥）、桥梁主要构件材料、上部结构的桥面板及主梁的形式、支座形式,下部结构的盖梁与桥墩结构形式、基础形式,以及桥梁建造年份、设计荷载等基本资料,无桥梁竣工图时,可参考桥梁设计图。

（2）检测记录及相关报告。桥梁过去的检测数据和报告,了解构件退化演变情形,可用于分析判断哪些构件检测时需特别注意。

（3）维修记录。过去的构件维修情形,可提供维修方式、范围的判断参考。

（4）地质资料桥墩基础的地质资料,可提供是否需特别注意桥墩基础的沉陷及掏空病害。

（5）水文资料。记载历年河道位置、断面、形状,以及洪水频率、最高洪水位等数据,可供检测河道断面及水位变化,以及分析判断河道保护设施是否妥当,是否尚须加强的参考。

2. 安排设备与准备

为避免现场遗漏检测构件及减少检测现场不必要的重复作业,检测前还应安排好各种设备,如准备好检测表格、记事本及桥梁简图（或构件编号图）,安排适当的到达构件的方法及设备（检测车辆或租借船只等）,并整理检测工具及设备。

除准备几份空白的检测报告表供记录填写外,也应准备前一次的检测报告,可供本次检测时对比,并可了解本次检测应特别注意检测的构件。

每座桥梁的断面,结构形式不尽相同,故检测前应依桥梁资料绘制该座桥梁简图,简图的绘制应尽量简单清楚桥梁简图在桥梁信息管理系统中调出打印即可。

检测的专用设备包括到达设备和检测使用工具,要提前联系和确认,根据"携带工具设备表"来选择设备,设备应提前检查,必须保证所有设备是完好可用的,有足够的粉笔、相机电池和其他消耗材料。

(四)检测顺序

制定合适的检测顺序可以提高检测的效率,在制订检测计划时应予以考虑。对于单跨桥梁结构,检测顺序为:桥面板以上的上部结构→桥面板以下的上部结构→下部结构→水道;对于多跨桥梁结构,可逐跨进行检测,也可根据检测到达设备或交通组织的便利性,优先进行某专项,如桥面板以上的上部结构。

(五)常规定期检测范围及工作内容

1. 常规定期检测范围

常规定期检测应包括下列范围:

(1)桥面系:桥面铺装、桥头搭板、伸缩装置、排水系统、人行道、护栏等。

(2)上部结构:主梁、主桁架、主拱圈、横梁、横向联系、主节点、挂梁、联结件等。

(3)下部结构:支座、盖梁、墩身、台帽、台身、翼墙、锥坡及河床冲刷情况。

2. 常规定期检测工作内容

常规定期检测工作包括下列内容:

(1)对照城市桥梁资料表和设备量年报表现场铰核城市桥梁的基本静态数据。

(2)不同桥梁类型通常构件的病害特点和表现形式不同,应实地判断病害形式和原因,估计维修范围和方案。

(3)对难以判断其损坏程度和原因的构件,提出作特殊检测的建议。

(4)对损坏严重、危及安全的城市桥梁,提出限载以至暂时限制交通的建议。

(5)根据城市桥梁技术状况,确定下次检测的时间。

(六)结构定期检测内容

结构定期检测内容应以常规定期检测的结果为基础,采取较深入的检测手段,进行较全面的病害和退化的状况与原因分析。检测的重点应集中在桥梁的上部结构及基础。

桥梁的结构定期检测应注重以下工作：

（1）查阅历次检测报告和常规定期检测中提出的建议。

（2）根据常规定期检测中桥梁状况评定结果，深入进行桥梁构件的检测。

（3）通过材料取样试验确认材料特性、退化的程度和退化的性质。

（4）分析确定退化的原因，以及对结构性能和耐久性的影响。

（5）对可能影响结构正常工作的构件，评价其在下一次检查前的退化情况。

（6）检测桥梁的淤积、冲刷等现象，水位记录。

（7）通过综合检测评定，确定具有潜在退化可能的桥梁构件，提出相应的养护措施由于结构定期检查的特殊性，必要时可进行荷载试验和分析评估。

结构定期检测应由执行的检测单位设计专门的检测记录表格，用于现场病害的检测记录，现场记录表格至少应包括"构件状态评定""构件缺陷记录""特殊构件信息"和"照片记录与描述"，并应符合下列规定：

（1）结构状态评定应符合常规定期检测中的评分标准，Ⅰ类养护的城市桥梁结构状态评估应按实际缺陷进行；Ⅱ～Ⅴ类养护的城市桥梁的缺陷，按评分标准表进行评估同时填写下列相关内容：①列出所有桥梁构件的侵蚀情况；②构件的实测缺陷类型和程度。

（2）应在结构缺陷记录中记录下列相关内容：①构件编号；②构件描述；③构件在结构中的位置；④缺陷描述：包括缺陷位置、程度、产生的原因和可能的退化、照片编号、所有材料试验的细节和材料在结构中的部位。

（3）对于特殊构件信息，指的是：①没有在评分标准中定义的构件，应作详细记录，并研究在管理系统中的表示方式；②无法检测的构件，说明不能检测的原因；③河道的淤积、冲刷、水位记录；④记录材料测试和取样的位置并编号，以便试验结果的交叉参考。

（4）病害照片应针对构件缺陷拍摄，并使用标示牌或标示便贴。

（七）报告整理与提交

1. 常规定期检测

常规定期检测的表格记录、评分及对养护维修管理措施的建议，都应及时整理、归档，并及时录入城市桥梁管理系统数据库。

2. 结构定期检测

由结构定期检测工程师将检测资料整理成相关表格。现场拍摄照片应说明缺陷，并在报告中用专门的表格制作照片索引及注释说明。所有现场记录资料及结构定期检测报告应以电子文档和书面形式在现场调查完成后15个工作日内提供给管理部门。

结构定期检测的检测报告应突出以下几点内容：

（1）记录当前桥梁现行状态，以用于将来参考。

（2）使用相关规程或数据分析结果，确定桥梁承载能力。

（3）提供对短期故障清除措施的指导。

（4）提供原始数据用于整个桥梁的全寿命管理。

为了有效地记录桥梁状态，检测报告还应满足以下要求：①书面语句应清楚、简洁和精确，总结每个结构单元状态，描述缺陷及按一贯尺度评定。②详细描绘重要缺陷的性质和程度。③用照片显示总体结构（引桥、立面和侧面图）和所有重要缺陷。④推荐修复措施，包含日常养护、修补和加固，按照紧急和必要程度排列优先次序，每项推荐措施都应该包含成本估算。

检测报告应有一贯性，以便不同检测人员在不同的时间里准备的检测报告能直接相互比较，使得多年来的一系列检测报告可以用来确定结构性能改变，得到退化速率估计及计算剩余寿命、帮助决定养护和维修措施。

（八）检测安全事项

桥梁检测多是外业，具有一定的危险性，须重视安全。桥梁检测员需爬上爬下于结构物上或通行于不良的通道中，尤其检测高桥墩桥梁或过水桥梁时，检测员经常处于危险的环境中。桥梁的现场检测尤其应注意安全，主要包括检测员自身安全、安全预防措施和交通安全保障等。

1. 检测人员自身安全

态度、警觉、常识，是检测人员维护自身安全的三项因素，良好的工作习惯与工作态度至为重要。检测员应遵守安全准则，采取必要的个人保护措施，遵循安全操作指南，保护自身的安全，检测员维护自身安全的基本原则包括：

（1）保持良好的睡眠；

（2）维持健康的体能状况；

（3）使用适当的工具；

（4）保持工作范围内安全措施的完整；

（5）遵守工作安全守则；

（6）应用一般常识与良好判断；

（7）避免饮酒及服用药物。

2. 个人防护

检测员的个人防护包括：

（1）穿着适当的检测服装、工作鞋、安全帽及反光背心；

（2）配带工作袋，供放置简单工具、对讲机、记事本及检测表格；

（3）特别工作的环境，如喷砂等，应配戴护目镜及口罩，必要时应戴防毒面具；

（4）水上作业时，应系安全索及穿救生衣；

（5）高空作业时，应系安全索或安全带；

（6）视情况需要佩带手套。

3. 一般安全预防措施

桥梁检测作业的一般安全预防措施的规定如下：

（1）所有现场的电缆或电线均应假定为通电中，检测时所有电源应全部切断，尤其检测跨铁路线桥梁时，应注意机车高压线的事先处理。

（2）检测时必须维持两个人以上，以便互相照应。

（3）水上作业最好备有船只、救生圈、无线电对讲机等设备，以便紧急时对外求援。

（4）水上作业时，穿着的防水衣裤应防止进水，以免妨碍游泳。

（5）水下检测应由有潜水执照的人员来进行。

（6）检测跨越桥时，应将检测工具、笔记本及眼镜等系好，以免掉落，影响跨越桥下方的交通，甚至伤及跨线桥下方的车辆或行人。

（7）密闭场所检测时，如检测箱型梁内部，应配备手电筒，必要时应准备氧气设备。箱型梁内部是否有沼气，也应事先鉴定，以免发生危险。

（8）若使用船只检测，应先检查所乘船只是否安全；使用桥梁检测车检测时，应先检查桥梁检测车功能是否正常。

4. 交通安全保障

由于定期检测对交通的干扰比经常性检测要大得多，因此应采取交通维护措施，以保障检测人员、检测设备及行经该处车辆的安全按照《交通管制设施》规定设置必要的交通

红桶、引导标志或标志车及引导员等检测前,应该按计划备妥必要的交通维持设施及人员,并注意下列事项:

(1)尽量减少对交通的妨碍,根据交通需要,适当调整检测时段,避开交通高峰时段检测;

(2)检测区的前方,应设置清楚正确的防撞和交通引导措施;

(3)长时间的检测,在检测期间内应定时检查交通管制设施是否完整;

(4)负责交通管制的人员应先经适当的培训。

四、特殊检测

(一)定义

特殊检测是特殊情况下,如火灾、水灾、地震或者事故损伤、或满足管理的特别需求(荷载提级、通行重车等),由专业人员依据一定的物理、化学检测手段,并辅以现场和试验测试等特殊手段,对桥梁及构件进行详细检测和综合分析,其目的是查明桥梁病害原因、破损程度、范围和实际承载能力,确定桥梁或主要构件的技术状态,分析损坏所造成的后果及潜在缺陷可能给结构带来的危险,以便采取相应的技术措施。

特殊检测一般由现场检查和实验室测试分析两大部分组成,包括材料检测、计算分析评估和荷载试验三方面的工作特殊检测的检测结果应提交书面报告。

(二)检测人员资格、检测时机与检测设备

特殊检测应由相应资质的专业单位承担,检测负责人和主要检测人员均应具有城市桥梁专业工程师资格,且具有5年以上城市桥梁养护、管理、设计、施工经验。

特殊检测没有固定的检测周期,城市桥梁在下列情况下应进行特殊检测:

(1)遭受洪水冲刷、流冰、漂流物、船舶或车辆撞击、滑坡、地震、风灾、火灾、化学剂腐蚀、车辆荷载超过桥梁限载的车辆通过等造成结构损伤的城市桥梁。

(2)常规定期检测中难以判明是否安全的桥梁。

(3)为提高或达到设计承载等级而需要进行修复加固、改建、扩建的城市桥梁。

(4)超过设计年限,需延长使用的城市桥梁。

(5)常规定期检测中,被评定为不合格级的Ⅰ类养护的城市桥梁和被评定为D级或E级的Ⅱ~Ⅴ类养护的城市桥梁。

(6)常规定期检测发现加速退化的桥梁构件需要补充检测的城市桥梁。

除携带定期检测的相关工具和设备外,还应视检测内容,有选择地携带较复杂的工具及设备。

(三)检测内容

实施特殊检测前,检测单位应额外进行下列资料的调查研究:

(1)竣工资料;

(2)桥梁结构的主要材料及它们的力学指标;

(3)特殊检测的原因,影响桥梁承载能力的因素;

(4)历次桥梁定期检测和特殊检测报告;

(5)历次维修资料;

(6)交通量统计资料。

城市桥梁特殊检测应包括下列内容:①现场检查;②实验室测试。

(四)检测手段与方法

结构材料缺损状况的诊断,应根据材料缺损的类型、位置和检测的要求,选择表面测量、无损检测技术和局部取试样等方法,具体方法可参见本书第四章。试样宜在有代表性构件的次要部位获取。检测与评估应依照相应的试验标准进行。

结构整体性能、功能状况评估应根据诊断的构件材料质量状况及其在结构中的实际功能,用计算分析评估结构承载能力。当计算分析评估不满足或难以确定时,用静力荷载方法鉴定结构承载能力,用动力荷载方法测定结构力学性能参数和振动参数。

(五)报告整理与提交

特殊检测报告应包括下列主要内容:

(1)概述、桥梁基本情况、检测组织、时间背景和工作过程;

(2)描述目前桥梁技术状况、试验与检测项目及方法、检测数据与分析结果、桥梁技术状况评价;

(3)阐述检测部位的损坏原因及程度,评定桥梁继续使用的安全性;

(4)提出结构及局部构件的维修、加固或改造的建议方案,提出维护管理措施。

(六)检测安全事项

(1)对特殊检测结果不满足要求的城市桥梁,在维修加固前,应立即采取限载、限速或封闭交通措施,并应继续监测结构变化。

（2）荷载试验时加荷载应经过计算分析确定，加载时应逐步加载，设计、布置试验仪器时，要安装预警装置加载过程除预警装置监视试验桥梁安全外，还要用仪器严密监视设施状态变化情况，当设施状态变化超过预定变化限值时，应立即停止试验。

五、桥梁技术状况评定

（一）桥梁技术状况评定方法

《城市桥梁养护技术标准》（CJJ 99—2017）中规定Ⅱ～Ⅴ类养护的城市桥梁技术状况的评估采用 BCI 评分方法，这是一种基于目视检测的桥梁状态评估法。这里采用的 BCI 评分方法又称为分层加权法，采用层次分析法把影响桥梁状态的因素条理化、层次化，建立起多层的层次关系结构模型，即根据定期检测的损坏状况及其扣分值，逐级、分层加权，最终得到桥梁各部分及全桥的 BCI。

该方法与以往的评定方法相比，具有以下优点：

（1）概念明确、方法简单，具体化了病害类型，在底层的扣分项上，针对具体的构件病害程度进行，增强了外观调查的客观性。

（2）不需要对桥梁各部分的损坏进行现场评分，仅需要对各部分的损坏状况进行现场描述和记录，降低了对定期检测人员的要求，使得一般的养护人员经过简单培训便可从事定期检测的工作。

（3）能考虑不同桥梁类型的特点。不同的桥梁类型，由于其组成不同、受力特点不同，所以权重也不相同。

（4）评定方法详细到构件，评定过程可以准确反映具体的损坏部位，便于根据数据的积累监视桥梁状况的恶化过程，使得养护人员不仅知道整个桥梁的综合状况，也能了解桥梁具体组成部分的损坏状况。

（5）在维修策略上直接考虑评分较低的底层参评构件，即维修策略针对较底层构件，这有利于确定维修优先级，特别有助于维修效益—利润分析，很适用于桥梁网络级信息管理系统。

第四章　桥梁养护维修

第一节　日常养护维修

一、桥面系养护维修

（一）沥青路面的养护维修

（1）沥青混凝土桥面的养护、病害处理和修补应按国家现行标准《城镇道路养护技术规范》（CJJ 36—2016）要求进行。沥青路面加强经常性、预防性保养小修，对局部的、轻微的初始破损及时进行修理。

（2）桥面铺装可能出现的病害包括：坑塘、拥包、龟裂、起砂、松散、车辙和纵、横向贯通裂缝等。发现铺装病害应立即查明原因，及时修理，对于无法判明的铺装层病因可提出特殊检测的要求。

（3）对桥面裂缝的维修：对于黑色路面纵、横向裂缝，先清扫干净缝隙，并用压缩机吹去尘土后，用热沥青或乳化沥青灌缝撒料法封堵。对宽度大于3mm的桥面裂缝，应检查其发生原因，在确定无结构破坏和延续发展的条件下，可进行灌缝处理。

（4）对麻面或松散的维修：对局部地段的麻面或松散，可清扫干净，铣刨后重新摊铺。

（5）对拥包的维修：拥包范围内用直尺画线成矩形（与中心线平行或垂直），用小型切割机切深4cm，再采用宽500mm铁刨机铲平，采用与原有结构层一样的沥青填补，并压实。

（6）对坑塘传统维修：测定破坏部分的范围和深度，用直尺画出矩形（与中心线平行或垂直），再凿到稳定部分，深度不小于3cm，坑壁要垂直。清除坑底后，在干净的坑底、坑壁薄洒一层黏结沥青，视坑塘深度，根据原路面结构层次填补混合料或沥青混凝土，然后压实。坑塘的修补要做到圆洞方补、浅洞深补、湿洞干补。如路面基层损坏,应针对损坏原因,先处理基层病害,再修复面层。

(7)对坑塘冷补维修:桥梁是城市交通的主动脉,对坑塘的修补必须及时。常备冷补沥青混凝土,确保在连续阴雨天、节假日沥青厂休假时补坑,当天发现当天修补。

(8)要确保材料质量,冷补料要有黏性不松散,热拌混合料外观应均匀,色泽一致,无明显油团、花白或烧枯,到现场温度不得低于110℃。

(9)压路机碾压顺序是从两边到路中,缓慢、匀速进行,时速不得大于5km。不得在碾压层上掉头、转向或突然刹车,大型压路机严禁振动碾压。

(10)碾压成型的沥青混凝土面层在冷却到常温后方可开放交通,紧急情况如需提前开放的话,则应采取相关的技术措施。

(11)对钢纤维混凝土铺装层维修:凿除碎裂部位,清理残留物,用空压机吹干净,适当湿润。

(二)排水设施的养护维修

(1)桥梁进水口都要进行清捞。进水口按每月三次频率清捞。对损坏、缺损的桥梁进水口须及时进行更换维修,采用与原设施性质相同的材料,进水口抹面要光洁。

(2)立管按每两个月一次疏通。立管修复时要擦净管口,均匀涂刷胶水,管道接好之后,要经检查保证不渗水。管道安装抱箍要安放水平,螺栓要牢固。

(3)立管集水斗要定期清捞,一般每季度一次,汛期中要加大清捞频率。

(4)桥面泄水孔应完好、畅通、有效。

(5)发现泄水管损坏应及时修补,损坏严重的应及时更换。

(三)伸缩缝的养护维修

(1)伸缩装置应每月保养一次,及时清除缝内的垃圾和杂物,使其平整、顺直、收缩自如,处于良好的工作状态。

(2)橡胶止水带损坏后应及时更换,需满足原设计的规格和性能要求。

(3)梳形板伸缩缝应经常检查紧固螺栓,防止梳齿板转动上翘,发现梳齿出现裂缝后,及时焊接修补。

(4)发现伸缩缝钢构件锈蚀时,应采用喷防锈漆进行处理,并使用油脂或润滑剂涂抹表面。

（5）伸缩缝出现损坏而无法修复时，宜选用原型号伸缩缝产品进行整体更换。

（6）伸缩缝的预埋部分与混凝土结合完好，上部构件有局部损坏的，相应更换上部构件。

（7）伸缩缝预埋部分损坏，与混凝土结合已脱离，凿除部分损坏的与混凝土结合部位，重新焊接预埋件，再将预埋件与伸缩缝的主体钢焊接，浇筑C4。钢纤维混凝土，必要时更换损坏的伸缩缝装置。

（8）当伸缩缝整体损坏，边缘混凝土碎裂，则采用整体更换的方法维修：用环氧砂浆预埋钢筋或种植钢筋、打膨胀螺栓，若旧桥面铺装层较薄，可将桥面凿开，并将锚筋直接焊接在桥面钢筋上，安装新伸缩缝构件，涂界面剂，灌筑钢筋混凝土。

（四）附属设施养护维修

车辆对桥梁附属设施有着不可避免的轻微损坏，虽不影响交通，但会有碍观瞻，故须做到及时修理。

（1）桥梁的中心隔离栏、防撞护栏、人行道护栏不得有断裂、松动、错位、缺件、剥落、锈蚀等损坏现象。

（2）经常性地检查栏杆的预埋钢板有无松动，连接螺栓有无丢失、锈蚀。

（3）桥面护栏应保持完好、顺直，无油漆剥落、根部松动、开裂、变形。

（4）人行道护栏每日擦洗一次，中心隔离栏每10日擦洗一次。

（5）栏杆的维修：对损坏的栏杆进行切除，修复栏杆要注意水平度和垂直度，控制好线性的顺直。焊接要求进行满焊，并进行油漆，如焊接底板松动时先处理底板。

（6）固定中心隔离栏维修：发生小部分损坏时及时进行修理，首先要立模板并用界面剂对破损面进行界面处理后，才可用混凝土进行修复。

（7）配电箱盖板维修：发现盖板掉落要及时复位，发生部分锈蚀时进行敲铲油漆，发生严重锈蚀时进行更换。

（8）桥面上人行道铺装、盲道和缘石应完好、平整。当有缺损时，应及时维修或更换。

（五）桥面防水层的养护维修

桥面卷材防水层的修补应符合下列规定：

（1）损坏的防水层，应及时进行修补。防水层维修应按施工要求进行。

（2）修补后的防水层，其防水性能、整体强度、与下层粘接强度和耐久性等指标应满足原设计要求。

防水混凝土结构层的维修应符合下列规定：

（1）当防水混凝土表皮脱落或粉化轻微而整体强度未受影响，且防水混凝土层与下层连接牢固时，应彻底清除脱落表皮和粉化物。

（2）当防水混凝土受到侵蚀，表皮严重粉化且强度降低或防水混凝土层与下层已脱离连接时，应完全清除该层结构重新进行浇筑。

（3）清理表皮脱落层时，应清理至具有强度的表面完全露出。

（4）清除损坏的结构层时，应切割出清理边界，然后再进行清除作业。清除应彻底，不得留隐患。应避免扰动其他完好部分。

（5）钢筋网结构的防水混凝土层进行清除作业时，应确保原钢筋结构的完整。

（6）在浇筑新混凝土前，作业面（包括边缘）应清洁、粗糙。

（7）选用的防水混凝土抗渗等级应高于P6，且不得低于原设计指标要求。在使用除雪剂的北方地区和酸雨多发地区，防水混凝土的耐腐蚀系数不应小于0.8。

（8）严禁使用普通配比混凝土替代防水混凝土。

二、上部结构养护维修

（一）梁底板混凝土碳化及钢筋锈蚀维修

（1）清除损坏混凝土：凿除因锈蚀而损坏的混凝土，使钢筋全部露出；当混凝土易于清除时，钢筋周围2.5mm左右混凝土，可保留在下一步骤里清除。

（2）钢筋表面除锈：①手工除锈。先用刮刀、手锤、钢刷等工具铲、敲、刷除去浮锈、尘土，然后再用钢丝刷、砂布、砂轮等刷、磨除去锈蚀并磨光。②机械处理除锈。用风动刷、除锈枪或电动刷除锈后即对钢筋进行防锈处理。

（3）为提高新老混凝土之间的黏结力，可用丙酮清洗混凝土表面、钢筋，在处理表面上均匀涂上胶黏剂（或称界面剂）。

（4）浇筑新的混凝土：可采用普通混凝土、环氧混凝土或聚合物混凝土。

（5）表面处理：为防止混凝土表面产生中性化（碳化），而继续受损，对新浇筑混凝土进行表面处理，如涂上防水剂或涂料。

(二)钢结构养护

1. 钢结构养护要求

①钢结构梁的刚度、强度和稳定性应符合设计要求。运营中,应根据钢结构形式,加强对各部分连接节点及杆件、铆钉、销栓、焊缝的检查、养护,对承载能力或刚度低于限值、结构不良的钢结构,应进行维修或加固。

②钢结构外观应保持清洁,冬期应及时清除冰雪。泄水孔应畅通,桥面铺装应无坑洼积水现象,渗漏部分应及时修好。当桥面积水时,应设置直径不小于50mm的泄水孔,钻孔前应对杆件强度进行验算。

③钢结构应每年进行一次保养以及检测。检测时如发现节点上的铆钉和螺栓松动或损坏脱落、焊缝开裂,应采用油漆标记并做记录。在同一个节点,缺少、损坏、松动和歪斜的铆钉超过1/10时,应进行调换。当焊接节点有脱缝,焊缝处有裂纹,应及时修补。对有裂纹及表面脱落的构件,应仔细观察其发展,做出明显的标记,注明日期,以备观察;必要时应补焊或更换。

④钢梁杆件伤损容许限度超过规定时,应及时进行整修、加固或更换。

⑤不良铆钉的容许限度超过规定时,应对不良铆钉进行更换。

2. 钢梁有下列状态之一时,应及时维修:

①桁腹杆例接接头处裂缝长度超过50mm。

②下承式横梁与纵梁加接处下端裂缝长度超过50mm。

③受拉翼缘焊接一端裂缝长度超过20mm。

④主梁、纵横梁受拉翼缘边裂缝长度超过5mm;焊缝处裂缝长度超过10mm。

⑤纵梁上翼缘角钢裂缝。

⑥主桁节点和板拼接接头铆栓失效率大于10%。

⑦主桁构件、板梁结合制钉松动连续5个及以上。

⑧纵横梁连接铆钉松动。

⑨纵梁受压翼缘、上承板梁主梁上翼缘板件断面削弱大于20%。

⑩箱梁焊缝开裂长度超过20mm。

3. 新换钢梁或加固杆件的组拼应符合下列规定:

①组拼板件应采用螺栓均匀拧紧,板件密贴,边缘用0.3mm插片深入长度不得大于

20mm。

②组拼杆件应在无活荷载情况下进行,并不应少于1/3的孔眼安装螺栓及冲钉,其中2/3为冲钉,1/3为螺栓。

③无活荷载情况下例合时,应每隔2个钉孔装一个螺栓,螺栓间距不得超过400mm,必要时应每隔1个钉孔一个螺栓,每组孔眼应打入10%的冲钉。

④栓接梁使用的高强螺栓、螺母及垫圈应符合国家标准《钢结构用高强度大六角头螺栓》(GB/T 1228—2006)的规定,并应附有出厂合格证。

⑤在有活荷载情况下更换刨钉时,应拆除一个制钉,同时上紧一个螺栓;必要时可使用不超过30%的冲钉。严禁使用镑斧和大锤铲除钉头。对结构承载力至关重要的构件在更换钥钉时,应禁止车辆通行。

4. 高强螺栓的更换应符合下列规定:

①高强螺栓的施工预拉力应符合设计要求,欠拧值或超拧值均不应超过规定值的10%,各种型号的高强螺栓的设计预拉力值应符合规定。

②高强螺栓的初拧值应根据试验确定,宜取终拧值的40%~70%,终拧方法可采用扭矩法或转角法。

③对大型节点,同时更换的数量不得超过该节点螺栓总数的10%,对螺栓少的节点应逐个更换。在一个连接处(或节点)少量更换的螺栓、螺母及垫圈的材质、规格、强度等级应与原桥上使用的相同,不得混用。

④高强螺栓拧紧后,节点板四周的缝隙应采用腻缝封闭。高强螺栓、螺母及垫圈的外露部分均应进行涂装防锈。

5. 对栓接梁、全焊梁,当在焊缝及附近钢材上发现裂缝时,可根据裂缝的位置、性质、大小及数量,采取下列相应措施:

①在裂缝的尖端钻圆孔,孔径宜与钢板厚度相等,且不得超过32mm。

②高强螺栓连接加固;加固前裂缝尖端处应钻孔。

③抽换杆件或换梁。

6. 钢梁涂装养护应采取下列措施:

①针对不同钢结构项目,尽量使用与原有材质相同的油漆涂料进行养护。

②用风动打磨机对钢梁表面进行除锈处理。

③钢材表面应无可见的油脂和污垢,没有附着不牢的氧化皮,底材显露部分的表面应具有金属光泽。

④清洁,去除油污。

⑤除锈后钢梁表面应清洁、干燥,雨后受潮要重新进行干燥处理。

⑥手工除锈无法铲除的部分,可采用高效脱漆剂,使其老化或比较严硬的漆膜发生软化,再以清除。

三、支座养护维修

(一)桥梁支座定期检查和保养

桥梁支座应定期检查和保养,并应符合下列规定:

(1)球形支座滚动面不平整,轴承有裂纹、切口以及个别根轴大小不合适时,必须予以更换。

(2)支点承压不均匀时,应进行调整。调整时可采用千斤顶把梁上部顶起,然后移动调整支座的位置。

(3)支座板翘起、扭曲、断裂时,应予更换或补充,焊缝开裂应予维修加固。

(4)如要抬高支座,可采用捣筑砂浆垫层、加入钢板垫层或预制钢筋混凝土块的办法。

(5)支座各部分应保持完整、清洁、有效,每年检查保养一次,冬期应及时清除积雪和冰块,梁跨活动应自由。

(6)滚动支座滚动面上应每年涂一层润滑油。在涂油前,应先清洁滚动面。

(7)除钢辊和滚动面外,支座其余金属部分应定期保养,不得锈蚀。

(8)固定支座应每两年检查一次锚栓牢固程度,支承垫板应平整紧密,及时拧紧接合螺栓。

(9)板式橡胶支座恒荷载产生的剪切位移应在设计范围内;支座不得产生超过设计要求的压缩变形;支座橡胶保护层不应开裂、变硬、老化,支座各层加劲钢板之间的橡胶板外凸应均匀和正常;支承垫石顶面不应开裂、积水;进行清洁和修补工作时,应防止橡胶支座与油脂接触。

(10)滚动盆式橡胶支座,固定螺栓不得有剪断损坏,应及时拧紧松动的螺母。

（二）支座的缺陷故障维修

支座的缺陷故障，应及时维修或更换，并要符合下列规定：

（1）滚动面不平整，轴承有裂纹、切口或个别辊轴大小不合适，应予更换。板式橡胶支座损坏、失效应及时更换。

（2）梁支点承压不均匀，应进行调整。

（3）支座座板翘曲、断裂，应予更换和补充，焊缝开裂应予维修。

（4）对需抬高的支座，可根据抬高量的大小选用下列方法：①抬高量在 50mm 以内可垫入钢板；抬高量在 50～300mm 的垫入铸钢板；②就地灌注高强钢筋混凝土垫块，厚度不应小于 200mm。

（5）滑移的支座应及时恢复原位；脱空支座应及时维修。

（6）辊轴支座的实际纵向位移，应与计算的正常位移相符；当纵向位移大于容许偏差或有横向位移时，应加以修正。当辊轴出现不允许的爬动、歪斜或摇轴倾斜时，应铰正支座的位置。

（7）小跨径（板）桥油毡支座的油毡垫层损坏、掉落、老化，应予以更换。

（8）弧形钢板支座和摆柱式支座中的钢板不得生锈，钢筋混凝土摆柱不得脱皮露筋，固定锚销不得切断，滑动钢板不得位移，摆柱不得倾斜。对损伤和超过允许位移的支座钢板，应及时修理更换。

（9）球形支座应每年清除尘土、更换润滑油一次。支座地脚螺母不得剪断，橡胶密封圈不得龟裂、老化。支座相对位移应均匀，并记录位移量。支座高度变化不应超过 3mm；应每两年对支座钢件（除不锈钢滑动面外）进行油漆防锈处理。

四、下部结构养护维修

当墩、台、柱由于混凝土温度收缩，施工质量不良及基础不均匀沉降等原因产生裂缝时，应视裂缝大小及损坏原因采取不同措施进行维修。

（1）裂缝宽度小于规定限值时，可凿槽并采用喷浆封闭裂缝方法。

（2）裂缝宽度大于规定限值时，可采用压力灌浆法灌注水泥砂浆、环氧砂浆等灌浆材料修补。

（3）支座失灵造成墩台拉裂，应修复或更换支座。

（4）台身发生纵向贯通裂缝，可用钢筋混凝土围带或粘贴钢板进行加固；如因基础不均匀下沉引起自下而上的裂缝,则应先加固基础,再采用灌缝或加筋方法进行维修。

（5）当混凝土表面发生侵蚀剥落、蜂窝麻面等病害时,应及时将周围凿毛,洗净后做表面防护。

（6）当混凝土表面部分严重风化和破坏时,应及时清除损坏部分后用与原结构相同的材料补砌,做到结合牢固,色泽和质地宜与原砌体一致。

（7）当表面风化剥落深度在30mm及以内时,应采用M10以上的水泥砂浆修补；当剥落深度超过30mm,且损坏面积较大时,应增设钢筋网浇筑混凝土层,浇筑混凝土前应清除松浮部分,用水冲洗,并采用锚钉连接。

（8）墩台出现变形应查明原因,并采取针对性措施进行加固。

（9）当墩台裂缝超过限值时,应查明原因,采取下列措施进行加固：①裂缝宽度小于规定限值时,应进行封闭处理；②裂缝宽度大于规定限值且小于0.5mm时,应灌浆；大于0.5mm时,应修补；③当石砌圬工出现通缝和错缝时,应拆除部分石料,重新砌筑；④当活动支座失灵造成墩台拉裂时,应修复或更换支座,并维修裂缝；⑤对基础不均匀沉降产生的自下而上的裂缝,应先加固基础,并应根据裂缝发展程度确定加固方法。

（10）桥台发生水平位移和倾斜,超过设计允许变形时,应分析原因,确定加固方案。

（11）桩或墩台的结构强度不足或桩柱有被碰撞或折断等损坏应查明原因,进行加固处理。

（12）桥台锥坡及八字翼墙在洪水冲击或填土沉落的作用下容易产生变形和勾缝脱落。修复时应夯实填土,常水位以下应采用浆砌片（块）石,并且勾缝。

五、附属设施养护维修

（一）人行道破损养护

经常清除人行道范围内的杂物,对于不均匀沉降造成的局部裂缝,及时用水泥砂浆勾缝,对于损坏的部件及时更换,人行道由于不均匀沉降所造成的不平整,应及时进行维修。

（二）隔离栏养护

定期对隔离栏进行检查,确保基础稳定、无损坏或锈蚀,及时补缺及更新,确保隔离栏完整和美观,并每年进行一次油漆养护。

六、养护技术措施

(一)质量保证措施

(1)沥青路面。修补路面做到圆洞方补、浅洞深补、湿洞干补。凿边要求四周修凿垂直不斜、基底保持干燥,浇筑厚度差在±5mm内,表面粗细均匀,无毛细裂缝,碾压紧密,无明显轮迹。平整度控制为人工摊铺高低差不大于5mm,机械摊铺不大于2mm,路框差控制为井框周围无沉陷,与路面高低差不得大于5mm,横坡与原路面横坡一致,不得有积水。

(2)伸缩缝。外型整齐、平整顺适,牢固完整,无破损,无漏水,行车无颠簸,伸缩变形应稳定,缝内无垃圾。

(3)混凝土结构。提高新老混凝土之间的黏结力,可用丙酮清洗混凝土表面、钢筋,在处理表面上均匀涂上胶黏剂。为防止混凝土表面中性化,对新浇混凝土进行表面处理,并涂上防水剂。

(4)钢结构。

①全敲铲表面处理按要求除锈达到St3级以上;部分敲铲表面处理按要求除锈达到St2级以上。

②涂刷底漆表干2h,实干24h,每道底漆涂刷最短间隔时间需保持24h左右。涂刷两遍面漆最短间隔时间控制在12h左右,油漆表面无流挂、无针孔、表面光滑。

(5)支座。定期对支座钢件进行油漆防锈,定期清除支座附近的杂物和灰尘,对智能型支座应观测、记录其滑移量,并判断其是否运行正常。

(6)排水设施。

①高架快速路排水口要进行清捞。对损坏、缺损的进水口须进行更换维修,采用与原设施性质相同的材料,抹面要光洁、平整。

②立管修复时要擦净连接管口,均匀涂刷胶水,管道接好之后,要经常检查,保证不渗水。管道安装抱箍要安放水平,螺栓要牢固。

(二)进度保证措施

养护进度的保证措施主要是计划、控制和协调。根据养护单位的总目标编制"总体养护管理进度计划表",并根据动态控制原理对养护进度实施全面管理。

1. 建立进度控制的组织系统

长效管理小组负责落实各层次的进度控制人员(以现场施工员及班组长为主),落实具体任务和工作责任,并编制以全年计划为基础的日、周、月、季度的作业计划,明确每天的工作内容,检查、解决执行计划中存在的问题,确保当天计划当天完成。养护施工过程中严格按照计划作业,如出现不符的情况,及时分析原因,提出补救措施。

2. 加强各班组施工之间的协调工作

养护施工前应按总体计划做出详细的周或月作业计划,施工组统一管理,按照作业计划进行检查,若出现与计划进度偏离,及时进行调整,做好各部门之间的协调工作。

养护单位每月召开一次会议,检查落实养护实际进度情况,分析和预测可能影响进度的因素,制定预防措施。对机械、材料或外部条件等干扰养护进度的因素,及时在会议上提出,共同制定解决办法。各班组坚持召开每日下班前的碰头会及上岗前的安全会议,检查和落实当日完成的工作量,并将存在问题及时报告长效管理小组,把养护总体进度计划层层落实到班组和个人。

3. 加强安全和技术交底工作

经常对职工进行安全和质量方面的教育,不断提高职工质量意识和工作责任心,确保各养护工序的施工质量一次验评合格,避免返工并将不安全隐患消灭在萌芽状态,这是保证养护按计划实施的主要措施之一。同时加强对机械设备的维修保养,提高机械的完好率与利用率。

4. 努力协调好各方面的关系

主动与上级监管单位、交警部门等加强联系,争取各方支持,创造一个良好的养护施工环境,排除可能对施工进度造成影响的不利因素。

5. 科学、合理地组织平面流水养护施工交叉作业

根据各班组、各工种的具体作业计划,配置必要的设备,供给充足的材料,安排合理的劳动力,进行流水作业和交叉作业,避免因机械、材料和劳动力不足而影响养护进度。

6. 完善施工工艺,提高效率

在养护施工过程中不断完善施工工艺,合理组织施工,提高效率,令施工有节奏、均衡地进行,以加快施工进度。同时,在实际操作中不断积累经验。

7. 坚持多点施工,平行作业

根据养护需要,可采取两班或三班同时养护施工,每班安排施工员对现场进行指挥与协调。

8. 认真做好月报工作

每月将完成的养护工作量和养护进度呈报监管单位,以便根据养护进度的实际情况进行分析和控制,使得养护进度的全过程始终处于循环、动态的控制中。

对于养护进度的保证,还应做到落实岗位责任制,建立激励制度,开展劳动竞赛,关心职工生活,搞好后勤服务,调动工作人员积极性,提高劳动生产率。

第二节 专项养护维修

一、吊杆、拉索的养护

(一)吊杆、系杆检查维修

吊杆、系杆护套管破损,油脂阻隔层渗漏会使空气、水汽通过渗漏点进入外保护层(PE套管、锚杯等)内部,侵蚀钢绞线,从而产生索力失效、断丝现象。

(1)吊杆与水平预应力索、锚杯等处的防锈油脂应每两年保养一次,并应注意防水,如发现防锈油脂渗漏,应尽快堵漏及补充。

(2)锚头的防护罩损坏应及时修补。

(3)柔性吊杆容易受到外力损坏,一旦出现PE套管损坏,立即采用玻璃纤维布或其他防护材料包扎。

(4)吊杆以及吊杆与横梁节点区防腐油脂不得泄漏、发酵,出现铁锈臭味,不得积水。

(5)吊杆拱桥的锚夹具应每季度检查一次,当发现松弛和锈蚀时,应及时维修。酷暑、严寒季节应加强检查和养护。

刚性系杆出现破损,则需采用与原材料相同的焊条进行对焊、抛光修复,并做表面防腐处理。

(6)发现锚箱、锚具锈蚀,应及时除锈或补漆。

(7)发现高强镀锌钢丝锈蚀时,应立即清除表面锈迹,涂刷环氧富锌底漆两道,最后涂覆防锈油脂。

（8）当桥上发生6级大风以后，应当检查吊杆有无异常。

（9）吊杆接近使用年限应加强检查，必要时上报更换吊杆。

（二）锚杯、封锚盖板检查维修

锚杯、封锚盖板等外部钢构件锈蚀，会使它们对结构受力构件的保护作用下降或失效，严重时如果封锚盖板跌落还会危及车辆、行人。锚杯、封锚盖板检查主要以表观检查为主，其中锚杯需打开检查内部。检查内容为锈蚀程度、防腐油脂状态、止水腻子老化程度、渗漏情况等。

（三）换索

（1）吊杆或体外预应力索检测发现以下问题时，应向主管单位提出实施换索的请示。

①锚具出现裂纹；

②吊杆或体外预应力索断丝数量超过钢丝总数的2%；

③因锈蚀，吊杆或体外预应力索钢丝总截面面积减少10%以上。

（2）吊杆与体外预应力索使用年限超过索的设计使用寿命时必须换索。

（3）换索必须制定严密的施工和监控方案，在测定营运过程中每束索力的基础上，根据设计的技术要求，通过计算，确定索力值和换索方案。

（4）为保证桥梁结构、人员、车辆的安全，在施工期间必须设专人对交通进行管理和控制。换索时段及测定索力时段，应暂时中断交通。

（5）换索应根据设计单位确定的索力进行施工，保持桥面平顺。

（6）换索完成后，应进行全面检测，包括应力、线形及索力等。

（7）拆换下来的吊杆和体外预应力索应进行详细的锈蚀检测，测定有代表性索体的剩余承载能力，为今后养护吊杆和体外预应力索提供借鉴和依据。

二、斜拉桥的养护

斜拉桥应定期进行动力特性、重要部位的内力、拉索索力、拉索探伤和静载的检测，时间间隔不得超过7年。检测报告应结合历年的各项检测结果进行综合分析。应通过结构监测，掌握桥梁在使用过程中结构构件的变化和力学性能及空间位移情况。

（1）斜拉索锚固端的检查应符合下列规定：

①塔端锚头、钢主梁端锚头必须每半年进行一次保养，对在钢梁外侧并有钢盖板罩的

锚头应每三年进行一次保养。

②锚具的锚杯及锚杯外梯形螺纹和螺母不得锈蚀和变形,锚板不得断裂;墩头应无异常。

③锚固结构的支承垫块不得锈蚀、位移、变形;梁端锚箱不得锈蚀、变形;锚箱与主钢梁腹板连接的高强螺栓不得松动、锈蚀;塔端或混凝土梁端预埋承压钢板不得锈蚀、变形;钢板四周混凝土不得有裂缝、剥落、渗水等现象。

(2)斜拉索护层的检查应符合下列规定:

①水泥浆护层应每半年检查一次,拉索表面不得有裂缝,塔端锚头处不得有水和水泥浆渗出。近梁端的拉索底部应正常。

②防锈油膏应每半年检查一次并及时补充,套管不得老化、开裂。防锈油膏失效应及时更换。

(3)主塔混凝土发生碳化反应和有水渗入使混凝土发生钙化反应时,应在混凝土表面涂混凝土保护剂。

(4)锚箱裂缝应采用加强法及时处理。

(5)钢-混凝土组合梁的养护维修、检测应符合要求。

(6)端横梁的养护应符合下列规定:①外力造成混凝土剥落与露筋时,应将钢筋的锈迹清除,并把松动保护层凿去后修补。②横梁箱内应通风,适时测量内外温差,温差不宜过大。对横梁箱体裂缝,必须查明原因后再做加固处理。

(7)当斜拉桥钢筋混凝土或预应力混凝土主梁的裂缝超过规定值或挠度超过设计规定的允许值或拉索索力偏离设计值较大时,应查明原因,通过计算进行加固和调整索力。

(8)拉索各部位的维修应符合下列规定:①当拉索PU护层撕破露出PE护层超过10%时,应进行修补。②拉索护层表面有裂缝,但表面干燥,内部无水渗出,钢丝未锈蚀,应将裂缝封闭;若钢丝已有锈蚀或表面潮湿,裂缝内有锈水渗出,应沿裂缝处剥开防护层,排除水分,露出钢丝,除锈并干燥后,再做防锈处理,修复防护层。③塔端钢承压板四周的混凝土松动、剥落、开裂,应先将松动的混凝土去除,检查损坏的范围,如内部钢筋锈蚀造成混凝土起壳剥落,应先对钢筋除锈,将损坏的混凝土凿去、擦净再修补;锚杯和螺母上的梯形螺纹出现变形、裂缝时,需做进一步的探伤,测量索力及做技术鉴定。根据鉴定结果,进行维修。④应经常检查支座处斜拉索及阻尼垫圈式减振器的防水情况和橡胶老化变质情况,必要时可更换。⑤当一根拉索内已断裂的钢丝面积超过拉索钢丝总面积的

2%时,或钢丝锈蚀造成该拉索钢丝总面积损失超过10%时,必须换索。⑥设置在塔身与梁体之间的橡胶体横向限位装置应每年清除一次四周的污物,检查橡胶体的老化程度并做好记录,锈蚀的钢件应除锈后刷油漆。

三、钢系梁的养护

(1)系梁内外表面应保持清洁,清除箱内垃圾和积尘。

(2)系梁内如有积水,应该立即排除。

(3)系梁养护结束后,应关闭检修孔盖并上锁,避免雨水与闲杂人员进入箱内。

(4)系梁线形变化超过规定的变形,可采取下列方法加固:补加预应力束;增设体外预应力束;系梁补强。

(5)应加强对拱肋系梁结合部位的保养维修,防止水渗漏造成系梁钢构件锈蚀。

(6)对于预应力混凝土箱梁出现的裂缝,要找出原因,如因混凝土结构本身收缩、徐变引起的轻度裂纹,可用环氧树脂进行封闭;如因受力变形引起裂缝,应提出加固与修复措施。

(7)系梁钢结构的裂纹修复后应进行无损检查,确保焊缝不存在缺陷,否则重新修补。

四、拱结构相关养护

(一)拱肋、风撑、立柱养护

(1)每年常规定期检查前宜对拱肋、风撑、立柱进行一次保洁,彻底清除表面积尘和垃圾。

(2)拱肋、风撑、立柱外部保洁、检测应使用专用养护设施。

(3)拱肋、风撑、立柱、加劲肋等产生局部变形、穿孔或裂缝而削弱断面,应制定矫正、维修加固或更换方案,经批准后实施。处理时应注意施工顺序,使大桥结构受力状况维持在允许范围。

(4)拱肋、风撑、立柱外表面安装附属构件时应选择合适的连接方式,未经设计单位同意,不得在主体结构上采用钻孔、焊接等连接方式,一般宜通过次要构件上的板件进行连接。

(5)对焊缝处有裂纹或开脱的焊接连接构件,采取必要的补焊、更换或其他措施。

（6）钢管混凝土拱肋、立柱钢管内有孔洞时，在相应部位处钻孔，灌注环氧树脂或水泥砂浆，然后封闭灌浆口。

（7）进行修补后的焊缝，应对相应部位涂刷油漆或涂抹油脂防腐，并做好标记，将其位置、数量做好记录存档，作为今后定期检查内容。

（8）火灾、化学污染或撞击等意外灾害发生后，应采用无损检测方法对受影响焊缝进行专项检测。

（二）下部结构养护

（1）拱座与拱座周围的积水应及时排除，保持拱座处的清洁干燥。

（2）拱座处钢管与被混凝土包裹段交界处应涂抹油脂防护。

（3）拱座涂装若有剥落，应及时修复。

（4）及时清除桥墩表面的青苔、杂草及杂物。

（5）桥梁如产生桥墩下沉位移，应进行观测，尽快查明原因，及时处理。

（6）因碱－集料反应、氯离子侵蚀、空气或水污染腐蚀混凝土，锈蚀钢筋，造成拱座、桥墩混凝土裂缝扩展、坏损等，应截断污染源，修补裂缝及坏损部位，必要时对混凝土表面进行涂料防护。

（7）混凝土拱座、桥墩出现表面裂缝病害，可用灌浆、封闭、凿除后修补或其他相应方法处理。

（8）桥梁基础附近的河床应保持稳定。

（9）当基础局部出现冲刷过深或局部掏空时，应及时抛填块石、片石、'铅丝石笼等进行维护；基础周围冲空范围较大时，除填补基底被冲空部分外，还应在基础四周加砌防护设施，或灌注水下混凝土。

（10）在基础附近施工时应符合相关标准或规定，避免扰动基础土体。

（11）如发生桥墩、承台遭受船只撞击，应立即上报养护管理部门，并安排针对桥墩、承台及桩基础的特殊检查。

五、隔音屏的养护

（一）音屏冲洗

隔音屏冲洗步骤如下：

（1）使用水车喷水打湿隔音屏，冲除部分污渍。

（2）在水桶里混合工业洗洁精与自来水。

（3）采用鬃刷和隔音屏拖把浸泡混合液人工擦洗，擦净隔音屏上下罩板及玻璃污渍（对于隔音屏外侧使用登高车进行擦洗）。

（4）使用水车第二次冲洗隔音屏，冲净工业洗洁精与自来水混合液。

（二）隔音屏维修

（1）隔音屏的维修：对损坏的隔音屏进行切除；修复隔音屏要注意水平度和垂直度，控制好线性的顺直。焊接要求进行满焊，并进行油漆，如焊接底板松动时先处理底板。

（2）隔音屏玻璃的维修：隔音屏玻璃框架为金属结构，使用扳手拆除固定螺栓卸下破损玻璃，安装新玻璃时注意橡胶条完整，玻璃平整不得有摇晃、松动。

六、涂装施工养护

涂装施工应注意涂装色泽，防止出现设施外观色差而影响美观。控制合理的涂料厚度，防止流挂，注意涂装层次、颜色均匀。

涂装施工养护步骤如下：①现场配制合适色泽的涂料。②使用钢丝刷、铁砂皮清洁构件表面。③涂刷第一道涂装。④涂刷第二道涂装，两层涂料之间涂刷间隔时间根据现场情况合理控制。

七、其他设施养护

（一）排水系统养护维修

（1）日常性检查包括：桥面是否有坑槽，是否有积水；管口是否堵塞，进水口的盖框及格栅是否完好，管体有无脱落，出水口是否通畅。

（2）进水口应保证每十天清捞一次，对损坏、缺损的桥梁进水口须及时进行更换维修，且需采用与原设施性质相同的材料；进水口抹面要光洁。

（3）桥面泄水孔应完好、畅通、有效。

（4）排水立管应保证每两个月疏通一次，立管集水斗应保证每季度清捞一次，尤其是每年雨季前应全面检查、疏通，并加大检查频率。

（5）定期检查排水管道是否开裂或损坏。立管修复时要擦净管口，均匀涂刷胶水，管道接好之后，要经检查保证不渗水。管道安装抱箍要安放水平，螺栓要牢固。

（6）如发现泄水管堵塞，应采用专用高压冲水车进行疏通。

（7）系梁箱内排水管道应保持通畅，无渗漏，发现渗水应及时修复，并清除箱内积水，并进行必要的涂层修复。

（8）如发现路面有坑槽,应及时修补,避免积水。

（9）及时维修导水设施的支撑构件,发现泄水管损坏应及时修补,损坏严重的应及时更换。

（10）排水管连接件应保持足够延性,以满足桥梁的伸缩要求。

（二）人行道与观景平台养护

（1）人行道和观景平台应每季度检查一次。

（2）人行道和观景平台应保持干燥,不得有积水。

（3）人行道板不得出现结构性破损。

（4）人行道和观景平台扶手应完好、牢固,不得有油污等黏性易滑物质。

（5）发现观景设施损坏应及时修复,在修复前应在附近设置警示标志。

（6）花岗岩、大理石、地砖面层应完好、平整、排列整齐、缝隙均匀,发现翘起应及时修复,发现开裂破损应及时更换。

（三）桥上交通标志和标线养护

（1）应确保交通标志与标线的正确性、合理性。

（2）交通标志、支柱、连接件、基础等标志部件应完整、无缺损且功能正常。

（3）应对交通标志安装位置、角度、油漆、反光材料是否完好、齐全或是否贴有广告、启示等进行经常性检查,应对交通标线是否清晰、是否受到污染和磨损进行经常性检查。

（4）反光交通标志应保持良好的夜间视认性,对各种交通标志与标线的反光性能经常性检查应在夜间进行。

（5）检查中发现交通标志反光材料、油漆局部脱落、褪色的应修补或重漆,损坏严重或丢失的应及时更换或补充。

（6）对交通标线遭到损坏、污染、磨损的,应记录病害缺陷状况与位置,并及时修复。

（7）因剥落、污染、磨损而影响指示效果的交通标线达到50%以上时,应重新制作标志线。

（8）交通标志架应保持清洁,无明显剥落、锈蚀。每年进行一次油漆养护。

（9）当交通条件有变化时,应对交通标志和标线进行相应的变更和增补。

第五章 常见桥梁加固技术

第一节 桥梁加固的基本原理及方法

一、桥梁加固的基本原理

（一）从外因角度通过结构性能改变，提高主梁的承载力

1. 增大主梁截面面积

采用增加主筋、喷射混凝土、现浇混凝土、外包混凝土加大主梁截面尺寸，以及加厚桥面增加辅助构件等加固方法，都是属于增加主梁截面的加固方法和技术。采用增大主梁截面的方法加固，其目的是增加主梁截面的惯性矩或几何抗弯模量，当荷载产生的内力（弯矩）不变，或荷载等级提高时，通过改变截面面积的途径，减少主梁截面的承受的拉力（通常压应力不控制承载力），使其不超过主梁材料性能承受范围，从而达到加固主梁，提高承载能力的目的。

2. 增加主梁的强度

对主梁采用环氧砂浆（胶浆）粘贴钢板（筋）、环氧玻璃钢、碳纤维布、芳纶纤维布等高强材料，增加主梁的强度，都是属于此类加固方法和技术。采用增加主筋强度的方法，主梁截面在不变的前提下，当荷载等级不变或荷载等级增加时，增加了主梁的强度，使荷载对主梁产生的拉应力小于补强材料的强度，从而达到加固主梁，提高主梁承载力的目的。

（二）从内因角度通过调整内力提高主梁的承载力

改变原桥结构体系，采取将简支梁体系改变为连续梁体系、加八字支撑改变桥梁的跨径，或通过外加预应力将主梁结构由纯弯结构变为压弯结构，减少原桥主梁承受的荷载内

力,从而减少主梁承受的拉应力,从而与上述加固方法一样,同样可以达到加固主梁,提高承载能力的目的。

综上所述,无论采取何种加固方法和加固技术,无论采取外部条件改变主梁的结构性能,还是通过结构体系的改变调整主梁的内力的加固方法,其基本原理都是为了减少主梁承受的拉应力或增强主梁承受拉应力的能力,满足结构受力的需要,提高原桥梁的承载能力。

随着科学技术地不断进步和发展,将还有更多的桥梁加固新材料、新技术的不断涌现和问世,促进桥梁维修、养护、加固与改造技术的发展。

二、增大梁截面加固方法与技术

目前,国内有相当一部分桥梁,在修建年代时,荷载等级仅适应当年的要求,因而按当时荷载等级设计的桥梁,面对今天交通事业的发展,已表现出荷载等级偏低、承载力不足的缺陷,病害逐渐产生和发展,成为危桥。其主要原因是:原桥钢筋和截面尺寸偏小,不能满足当今交通需要。对于这部分桥梁,可采用增大构件截面的方法进行加固。增大构件截面的途径有:增加受力钢筋主筋截面、加大主梁混凝土截面、加厚原桥面板和喷锚四种方法。

(一) 增焊主筋加固法

当结构因主筋应力超过容许范围,而桥下净空受到限制时,不能加大截面高度,只能采用增焊主筋进行加固,其加固要点如下。

1. 增焊主筋

首先凿开混凝土保护层,露出主筋,将原箍筋切断拉直,再把新增钢筋焊在原主筋上,增焊钢筋断头宜设在弯矩较小的截面。为减少焊接时的温度应力,应采用断续双面焊缝,从跨中向两端依次施焊。

2. 增设箍筋

如果原桥梁的箍筋不足,梁腹出现剪切裂缝,则加固过程中,在增焊主筋的同时,应在梁的侧面增加箍筋。具体做法是:在梁腹上埋入梢钉,把补充的箍筋固定起来,并把箍筋上端埋入桥面板中。

3. 卸除部分恒载

加固时,为了减少原结构的截面应力,使新增加的钢筋充分发挥作用,有条件时应采取多点顶起措施,将梁顶起或凿除部分桥面铺装,然后再进行加固(起顶位置和吨位由计算来确定)。

4. 恢复保护层

钢筋焊接好并接长箍筋后,应重新做好保护层。材料最好是用环氧树树脂小石子混凝土(砂浆)或膨胀水泥混凝土(砂浆)。修复保护层,通常有三种可供选择使用的方法:涂抹法、压力灌注法、喷护法。采用喷护法时,应采取分层喷护水泥砂浆,每次喷涂厚度为1~3cm为宜,待砂浆达到一定的强度后,最后进行表面修整。

(二)增大梁肋加固法

在现有桥梁中,有一部分桥梁是属于T形截面的桥这类桥常因原截面高度不够,或面积过小,导致承载能力不足,出现了病害。对于这部分桥梁,通常是将梁的下缘加宽加强,扩大截面,并在新混凝土截面中增设受力主筋。在靠近支座处,主筋上弯,与原结构主筋相焊接。

在浇筑新混凝土截面时,为了保证新旧混凝土之间有良好的粘结,需在浇筑混凝土前,先将结合部位的旧混凝土表面凿毛,露出骨料,清洗干净。同时每隔一定距离凿露出主筋,以便通过锚固钢筋将新增加的主筋与原结构中的主筋相连接,新增加的混凝土一般采用悬挂模板现场浇筑。

(三)加厚桥面板加固法

当原桥的承载能力不足,截面面积过小,而墩台及基础较好,承载力较大,为了方便施工,有的桥将原有桥面铺装层拆除,在桥面板上浇筑一层新的钢筋混凝土补强层,用以提高桥梁的抗弯刚度,这种加固补强方式称为"加厚法"。

为了使新旧混凝土有良好的结合,应把原桥面板表面凿毛洗净,每隔一定的距离都要设置齿形剪力槽或埋设桩状,或用环氧树脂作为胶结层。同时,在桥面板上铺设钢筋网,以增强桥面板的整体性和抗压能力,防止新浇筑的混凝土补强层开裂。钢筋网的直径和间距根据板的受力要求来确定。加固后重新铺设桥面的铺装层。

这种方法由于加厚部分使桥梁自重和恒载弯矩增加较多,并且仍然是原结构下缘受拉钢筋应力控制设计,故此加固方法一般只适用于跨径较小的T形梁桥或板梁桥,而且在加固前应对梁(板)的受力状况进行详细内分析,在梁(板)下翼缘强度容许的限度内确定桥面的加厚高度。

对于有三角垫层的桥面板,可将原作为传力结构的三角垫层凿去,代之以与原桥面板结合为整体;共同受力的钢筋混凝土补强层,或用钢筋混凝土补强层取代桥面铺装层。这样在不增加桥梁自重的情况下进行加固补强,效果更为明显。

(四)喷射混凝土加固法

当原桥桥面积过小,下缘主拉应力超过容许值出现裂缝,而桥下净空又允许时,采用喷射加固法进行加固。

1. 布设钢筋网

按照提高承载能力的需要,在桥下缘布设钢筋网。通常是按一定的间距将梁底的保护层凿除,通过连接钢筋先将部分钢筋沿桥面纵横向焊接到原主筋上,构成钢筋骨架。然后根据加固设计要求,按一定间距将其余的钢筋焊接或绑扎在钢筋骨架上,构成钢筋骨。钢筋网的作用在于承受拉应力,提高喷层强度,传递温度应力,减少收缩裂纹,加强喷射混凝土的整体性等。

2. 喷射混凝土

喷射混凝土层的厚度,根据设计需要确定,每次喷射厚度不宜超过 $3 \sim 8 \mathrm{cm}$,若需加厚,应反复多喷几次,复喷混凝土时间,应视水泥品种、施工气温和速凝剂掺量等因素而定。喷锚混凝土,可采用早强普通混凝土,也可采用钢纤维增强混凝土,有条件的地方宜尽量采用钢纤维增强混凝土,加固效果更好。采用锚喷法加固桥梁,施工不需立模、搭架简单、施工方便、工期短、补强效果好。但需要专门的喷射混凝土机具,对喷射手的技术要求较高,其技术水平将直接影响加固补强的质量。

第二节 粘贴加固

一、粘贴钢板加固法

构件外部粘钢加固法是用粘结剂(建筑结构胶)将钢板粘贴到构件需要加固的部位上,以提高结构承载力的一种方法。该方法的应用研究始于20世纪60年代。在国际上它是一种适用面较广的加固方法,不仅用于建筑,而且用于公路桥梁的加固补强。这项技术简称粘钢加固技术。与传统加固方法比较,具有以下特点。

(1)工艺简便,只需对被加固构件的表面进行处理,用建筑结构胶将钢板与之牢固地粘结成一个整体,使钢板和原构件很好地共同工作。

(2)加固施工所需的场地、空间都不很大,且钢板粘贴到构件上一般3天即可受力使用,对生产和生活影响很小,特别适用于应急的加固工程。

(3)粘钢加固所用的钢板厚度,一般为2~6mm,所以,加固后不影响结构外观,重量增加也不多。

(4)加固效果比较明显。因为粘钢加固不仅补充了原构件的钢筋不足,而且还通过大面积的钢板粘贴,有效地保护了原构件的混凝土不再产生裂缝或使已有的裂缝得到控制而不继续扩展,加强了结构的整体性,提高了原构件的承载能力。但在耐高温和潮湿环境中胶的强度会有所下降,特别是胶液固化后呈脆性,与钢材良好的延性性能不相匹配,不能充分发挥钢材的全部优点。

近年来,我国对粘钢技术及建筑结构胶和研究和应用有了较快的发展。由于粘钢技术是一种新技术,粘结理论研究还不很成熟,粘结剂的抗老化性能,徐变性对粘结强度的影响,在动荷载作用下粘钢加固的试验及理论分析等问题,都有待进一步研究。目前,粘钢加固法一般适用于承受静力的受弯及受接构件,且环境温度不超过60℃,相对湿度不大于70%的使用条件,否则应采用防护措施;不适用于低于CI5混凝土构件的加固。

采用粘贴钢板加固桥梁时,应对桥梁的缺陷和病害进行具体分析,并进行结构计算,根据缺陷和病害发生的部位,设计钢板粘贴的部位。

(1)当用来提高构件的抗弯能力时,应把钢板粘贴在梁(板)受拉翼缘的表谣上,使钢板与混凝土作为整体受力,以钢板与混凝土接缝处混凝土局部剪切强度控制设计。用于粘贴的钢板尺寸应尽可能薄而宽、厚度一般为4~6mm薄钢板还可有足够的弹性适应构件的表面状况。合理的设计应控制在钢板发生屈服变形前,混凝土不出现剪切破坏。为避免钢板在自由端脱胶,端部可用夹紧螺栓固定,或在钢板上按一定的距离用螺栓固定,效果更有保证钢板。粘贴工艺如下。

①表面处理:为了得到良好的粘贴效果,必须事先对钢板和混凝土的粘贴面进行认真的处理。首先应将混凝土表面的破碎部分清除,然后凿平凿毛,使其骨料裸露出来,并用钢丝刷或压缩空气清除浮尘,粘贴钢板前还需用丙酮擦一遍。钢板表面也应先用汽油

洗去油污,用喷砂法或砂轮打磨除锈,使表面露出光泽,然后也用丙酮擦洗干净,最后在钢板表面涂一层环氧树脂薄浆将其保护起来。

②粘贴钢板:在混凝土结构上粘贴钢板的方法通常有涂抹法和灌浆法两种。涂抹法是先在混凝土表面刷一层环氧树脂胶浆,然后在钢板上涂一层环氧树脂胶浆,间隔片刻再在钢板上均匀地铺一层环氧树脂砂浆,一般厚度在2mm左右。随即将钢板贴到混凝土表面上,旋紧螺丝进行加压,使多余的胶浆沿板边挤压出来,达到密贴的程度。固化后再卸除螺帽,截去外露的螺丝杆,并留出2～3mm进行冷铆。

③加压方式:钢板粘贴到混凝土结构上后,为了使板与混凝土表面密贴必须对钢板加压。加压的方式通常有三种,一种方法是上述的用螺栓进行加压。即在混凝土粘贴面上每隔一定距离埋设一根 $\phi 12$ 的螺栓,钢板上设有相应的孔,把钢板粘贴到混凝土表面后立即旋紧螺帽进行加压。另一种方法是用木楔来加压。即在构件下方设支承梁(从桥下搭设或从桥上悬挂),距构件底面1m。然后,待钢板粘贴后楔紧木楔施加压力。第三种方法是利用重物进行加压。当在混凝土构件的上缘粘贴钢板时,可以采取在钢板上面放置重物(铅块或铁块等)进行加压。

④检查粘贴质量:一般是采用肉眼观察,如发现钢板与混凝土表面之间有空隙的地方,及时填入胶结剂补贴。

⑤防护处理:目前国内外对钢板补强采取的防护措施,通常都是采取清除钢板表面污染,用钢刷除去螺栓的锈斑,先涂一层环氧树脂薄浆罩面,然后再涂两层防锈漆在上面进行保护。以后每隔1～2年检查一次防护层的情况,如发现有脱漆的地方及时采取措施进行修补。该方法虽然简易可行,施工简单,但需要经常维修保护,每次重新涂漆都需要搭架、拆架,维修工作量较大,而且烦琐。近年来有的省市利用喷射混凝土,在钢板上面喷射一层混凝土保护层,既减少了刷漆工序,又大大减少了常年养护工作量。同时喷射混凝土还与原结构组成喷层—梁体组合工作体系,共同工作,在一定程度上提高了原梁的承载能力,克服了以往钢板补强易于生锈的毛病,是一种较好的防护钢板污染和锈蚀的方法。

(2)当粘贴钢板用以加固和增加梁的剪切强度时,钢板应粘贴在梁的侧面,跨缝粘贴。用于粘贴的钢板可以是块状的,也可以是带状的。带状钢板沿垂直于裂缝的方向粘贴、斜度一般为45°～60°。梁的上下端应设水平锚固板,以提高端部的锚固强度。钢板厚度依设计而定,一般为10～15mm。

二、粘贴钢筋加固法

当桥梁结构抗拉强度较低,受拉部位产生裂缝时,为了加强抗弯构件外纤维的抗拉能力,可以采用在受拉部位粘贴钢筋的方法对桥梁进行加固。粘贴钢筋具有与结构物粘附性能较好、加工成型容易、加固效果明显的优点。用于粘贴的钢筋直径不能过大,以不超过 8mm 为宜,以减小塑脂层的厚度,节省材料,降低成本。采用环氧树脂砂浆粘贴,环氧树脂砂浆的厚度以不使钢筋外露为标准,一般为 15~20mm。其加固工艺如下。

(1)搭设支架,在支架上设有支承梁和成型模板。

(2)混凝土表面处理为了获得良好的粘贴效果,必须事先对混凝土表面进行认真的处理。混凝土表面要清除破碎部位、凿平凿毛,使骨料露出,用钢丝刷或压缩空气把浮尘清除掉。粘贴前再用丙酮擦洗一遍。

(3)钢筋布设前,应先把钢筋拉直截好,除锈后再用丙酮擦洗干净,放在模板上扎成排栅,或在桥下点焊成排栅再就位。就位前,先在钢筋排栅表面涂一层环氧树脂胶浆,然后再用吊杆吊住,贴在构件底面上。

(4)粘贴:为了便于脱模,粘贴钢筋前先在模板上铺一层塑料薄膜,再将环氧树脂砂浆均匀地摊铺在模板上,厚度稍大于设计值。粘贴时,在模板与支承梁之间打入木楔,将模板顶起压在构件的底面上,使环氧树脂砂浆压入钢筋的间隙,与原结构的混凝土粘为一体。

(5)脱模检查:待环氧树脂砂浆固化后拆除模板。拆模后,应立即对粘贴质量进行检查,发现缺陷,需及时进行修补。

(6)防护处理:同钢板粘贴后采用的防护处理方法一样。通常是先清除钢筋表面的锈斑和污染、涂一层环氧树脂薄浆罩面,然后再涂两层防锈漆在上面进行保护。也可采用喷射混凝土在钢筋表面喷射一层保护层,保护粘贴的钢筋免锈蚀。

三、粘贴玻璃钢加固法

玻璃钢(玻璃纤维增强塑料)是以玻璃纤维为增强材料,合成树脂为基体复合而成的一种工程材料。它具有轻质高强、比强度高、粘结性强、性能可调、耐腐蚀、抗渗好、施工方便、尺寸稳定、表面光滑和与混凝土的线膨胀系数相近等一系列特性。虽然玻璃钢也存在着弹性模量较低和层间剪切强度较低等待点,但大量试验及实际应用表明:采用玻璃钢与混凝土、钢筋混凝土或钢丝网水泥等结构再复合后的梁、板,均能大幅度地提高其结构强度,受力时各相材料能够形成新的统一体而协同工作,既可充分利用表层玻璃钢的高强特性,又可充分利用原混凝土结构的刚度和现有强度。所以,采用玻璃钢作为混凝土结构的表面补强材料是合理的。

通常情况下是在构件表面用环氧树脂粘贴无碱无捻方格玻璃布形成玻璃钢,作为桥梁结构的加固补强层。但是由于玻璃钢的弹性棋量比较低,因而在粘贴玻璃钢时,常在中间粘贴45mm高强钢丝加劲。

玻璃钢的弹性模量较低(约为15×10^4MPa),一般仅为混凝土的1/15~1/9,受力时变形大,补强层与混凝土不能很好地共同受力,故使用时应该注意其特点,合理使用。否则将影响其抗拉强度的发挥使补强效果受到限制。其加固方法如下:

(1)搭设支架,安装成型模。

(2)混凝土表面处理:混凝土的表面处理与粘贴钢板、钢筋一样处理。

(3)钢丝制备:首先将高强钢丝的锈清除掉,把钢丝绑成排攒,然后用丙酮将钢丝撩洗干净,并涂上一层环氧树脂胶浆。

(4)成型:在支架上面的模板上铺上一层塑料薄膜,在塑料薄膜的上面先刮上一层环氧树脂胶浆,铺第一层玻璃布,将其刮平并挤出中间的气泡,再填上第二层环氧树脂胶浆,铺上第二层玻璃布。铺至厚度的一半时,便把钢筋排栅铺放到上面,并用环氧树脂砂浆填平钢筋排栅间的空隙,刮平后,再继续铺其他几层玻璃布。

(5)起模板:使玻璃钢紧密地粘贴到桥梁构件的表面上,使环氧树脂胶浆从缝隙中攒出来,最后用最外一层宽玻璃布将滋出来的胶浆包敷在梁的胶版上。

(6)脱模检查:环氧树脂胶浆固化后,再卸除模板,并逐处检查玻璃钢的粘贴质量,如发现没有粘贴好或存在缺陷,应及时进行修补。

(7)防护处理:现在国内外的习惯做法是用工具除掉玻璃钢表面的污染,涂上一层环氧树脂薄浆罩面,再在上面涂两层防锈漆保护起来。以后经常检查保护层的情况,如发现有脱落的地方,就及时进行修补,重新刷上防锈漆,或者在玻璃钢表面现浇一层一定厚度的混凝土,一方面作为桥梁结构的加固补强层,一方面保护粘贴的玻璃钢免受腐蚀和锈蚀。

建议采用喷射混凝土作为粘贴的玻璃钢保护层。因为具有施工及时,与原结构粘结强度高,不需要浇筑混凝土所需的模板,可以根据加固设计的需要灵活设置加护的厚度。喷射混凝土具有良好的密封性,能较好地保护粘贴的玻璃钢和高强钢丝免受腐蚀和锈蚀。

四、粘贴碳纤维布加固法

碳纤维布加固修补结构技术是一种新型的结构加固技术,它是利用树脂类粘结材料将碳纤维布粘贴于混凝土表面,利用碳纤维材料良好的抗拉强度达到增强构件承载能力及刚度的目的。

(1)碳纤维布加固修补结构技术适用于各种结构类型、各种结构部位的加固修补,如梁、板、核、屋架、桥墩、桥梁、筒体、壳体等结构,要求基层混凝土的强度等级不低于C15。该技术有以下几个特点:①高强高效,适用面广,质量易保证。②施工便捷,工效高、没有湿作业,不需现场固定设施,施工占用场地少。③耐腐蚀及耐久性能极佳。④加固修补后,基本不增加原结构自重及原构件尺寸。

(2)碳纤维布加固修补结构技术的工艺流程及操作要求如下:

工艺流程为:卸荷—基底处理—涂底胶—找平—粘贴—保护。

①卸荷:加固前应对所加固的构件尽可能卸荷。

②基底处理:混凝土表层出现剥落、空鼓、腐蚀等劣化现象的部位应予以凿除,对于较大面积的劣质层在凿除后应用环氧砂浆进行修复。裂缝部位应首先进行封闭处理。用混凝土角磨机、砂纸等机具除去混凝土表面的浮浆、油污等杂质,构件基面的混凝土要打磨平整,尤其是表面的凸起部位要磨平,转角粘贴处要进行倒角处理并打磨成圆弧状($R \geq 10mm$)。用吹风机将混凝土表面清理干净,并且保持干燥。

③涂底胶(FR胶):按主剂:固化剂=2:1的比例将主剂与固化剂先后置于容器中,用弹簧秤计量,电动搅拌器均匀搅拌,根据现场实际气温决定用量并严格控制使用时间。一般情况下1h内用完。用滚筒刷将底胶均匀涂刷于混凝土表面,待胶固化后(固化时间视现场气温而定,以指触干燥为准)再进行下一工序施工。一般固化时间为2~3天。

④找平:混凝土表面凹陷部位应用FR胶填平,模板接头等出现高度差的部位应用FR胶填补,尽量减小高度差。转角处也应用FR胶修补成光滑的圆弧,半径不小于10mm。

⑤粘贴:按设计要求的尺寸及层数裁剪碳纤维布,除非特殊要求,碳纤维布长度一般应在3m之内。调配、搅拌粘贴材料阳胶(使用方法与底胶FR相同),然后均匀涂抹于待粘贴的部位,在搭接、混凝土拐角等部位要多涂刷一些。粘贴碳纤维布,在确定所粘贴部位无误后剥去离型纸,用特制镊子反复沿纤维方向液压,去除气泡,并使阳胶充分浸透碳纤维布。多层粘贴应重复上述步骤,待碳纤维布表面指触干燥方可进行下一目的粘贴。

在最后一层碳纤维布的表面均匀涂抹 FR 胶。碳纤维布沿纤维方向的搭接长度不得小于 100mm,碳纤维端部固定用横向碳纤维或粘钢固定。

⑥保护加固后的碳纤维布:表面应采取抹灰或喷防火涂料进行保护。

材料碳纤维材料加固修补混凝土结构所用材料主要为碳纤维材料与粘贴用树脂。

(3)机具设备:施工机具为混凝土角磨机6台,吹风机4台,剪刀2把,滚子6把,签子2把,灌浆设备套具体数量可视施工工期及施工面积确定。

(4)劳动力组织及安全。劳动力组织:视施工工期及施工面积确定班组数,每班10组,每组12人,其中,管理人员4人(工长、技术、质量、安全各1人),专业工人6~8人。每日完成 7~10m^2。

粘贴碳纤维布的安全规定如下:裁剪及使用碳纤维布时应尽量远离电源,尤其是高压电线及输电线路。碳纤维布的配套用胶要远离火源,避免阳光直接照射。现场施工人员应穿工作服,同时还须佩戴口罩和手套,施工人员严禁在现场吸烟。配制及使用胶的场所必须保持良好的通风。与施工配套的脚手架要有足够的安全性高空作业须佩戴安全带。质量要求:一些国家已经有了较完善的标准规程但不适合我国目前国内尚无标准规范,检查验收以企业标准为依据。

①工程验收时必须有碳纤维布及其配套胶生产厂家所提供的材料检验证明。

②每一道工序结束后均应按工艺要求进行检查,并做好相关的验收记录,如出现质量问题,应立即返工。

③施工结束后的现场验收以评定碳纤维布与混凝土之间的粘结质量为主,用小锤等工具轻轻敲击碳纤维布表面,以回音判断粘结效果。如出现空鼓等粘贴不密实的现象,应采用针管注胶(阳)的方法进行补救,粘结面积若少于90%,则判定粘结无效,需重新施工。

④碳纤维布粘贴面积在100m^{2}以上的工程,为检验其加固效果,应与甲方协商进行荷载试验,其结构的变形等各项指标均应满足国家规范规定的设计及使用要求。

⑤大面积粘贴前需做样板,持有关方面验证后,再大面积施工为确保碳纤维布与混凝土间的粘结质量,基底处理必须严格按下列要求执行先检查要加固的部位本身是否有空鼓现象,再进行表面检查,最后对不符合要求的部位采取相应的措施。

⑥严格控制施工现场的温度和湿度施工温度在5℃~35℃。范围内,相对湿度不大于70%。

第三节　体外预应力加固技术

一、预应力加固法基本概念

预应力加固是指运用预应力原理,在增设构件(以下简称"加固件")或原有构件(如主梁梁体)中,施加了一定初始应力(即预应力)的一种加固方法。

对于钢筋混凝土或预应力混凝土梁板,采用对受拉区施以预加压力的加固方法,可以抵消部分自重应力,起到卸载作用,从而能较大幅度地提高梁的承载能力。

用预应力方法加固桥梁结构时,应考虑的主要问题有:施加预应力方式方法;预应力损失的估计和减少预应力损失的措施;预应力加固的计算等。

(一)施加预应力常用方法

用预应力法加固钢筋混凝土或预应力混凝土梁板,其加固件一般采用钢杆、粗钢筋或钢丝索等钢材,施加预应力的方法有纵向张拉法、横向张拉法和张拉钢丝束等。纵向张拉法在施加的预应力数值较小时可采用螺栓、丝杆、花篮螺丝等简易拉紧器进行张拉。在施加的预应力较大时,可采用手拉葫芦、千斤顶张拉或电热法张拉。横向张拉法基本原理是在钢拉杆中部施加较小的横向外力,从而可在钢拉杆内获得较大的纵向内力。由于横向张拉外力一般并不很大,采用螺栓、丝杆、花篮螺丝等简易工具即可。钢丝束通常通过锚具用千斤顶进行张拉,如果张拉要求不高,可采用撬棍等工具绞紧钢丝绳束亦可产生预拉应力。

(二)预应力损失估计和减少预应力损失的措施

预应力损失是影响到预应力加固的适用范围和加固后工作状态的重要问题。预应力损失由加固件本身和承受加固件作用的结构两个方面的变形而产生,主要的具体因素有如下几点:①基础徐变和地基沉降。②被加固构件收缩和其他变形。③加固件本身徐变。④加固件节点和传力构造变形。⑤温度应变。

在预应力加固件使用过程中,由于基础沉降,温度应变,新浇混凝土徐变等具体原因将产生较大预应力损失,这时,为减少预应力损失以保证加固效果,必须在加固过程中,预留构造措施,以便在使用过程及时调整加固件的工作应力数值。

(三)预应力加固设计计算

预应力加固设计计算,应首先绘制加固前后结构受力图形,分析内力的变化。加固件中工作应力数值应满足原有结构加固的需要。加固件中施加的预应力数值应为工作应力和预应力损失数值之和,预应力损失值在具备一定经验和资料时可由计算确定,在经验和资料尚不充分时宜在加固前用实验测定。

二、预应力拉杆加固钢筋混凝土梁板

钢筋混凝土梁板是受弯或以受弯为主的横向受力构件。其预应力补强加固一般采用预应力拉杆,常用的拉杆体系有三种:水平预应力补强拉杆、下撑式预应力补强拉杆以及组合式预应力补强拉杆。各种拉杆体系的结构和加固原理叙述如下。

(一)水平预应力补强拉杆加固法

对于钢筋混凝土或预应力混凝土的 T 梁或工字梁桥,可采用在梁断面的受拉力,即在梁底下加设预应力水平拉杆的简易补强方法进行加固。

当拉杆安装并通过紧销钢栓实施横向拉力后,钢拉杆内将产生较大纵向拉力,于是,梁受拉区就受到拉杆顶压应力的作用,梁中受拉应力也就相应减少。

从加固原理上看,这种补强加固法可提高梁构件正截面抗弯承载能力,但不能提高支座附近斜截面抗剪承载能力。

(二)下撑式预应力补强拉杆加固法

将水平补强拉杆在接近支座处向上弯起,锚固于梁板支座的上部,弯起点处增设传力构造,再施加预拉应力。这种加固装置即为下撑式预应力补强拉杆的加固方法。

在桥下净空许可的条件下,可采用下撑式补强拉杆加固梁式钢筋混凝土梁的方法。

这种加固法的预应力补强拉杆用钢材做成,拉杆弯起点设立柱,立柱用钢筋混凝土或混凝土做成。立柱一般设在 1/4 跨径的地方,以使预应力加固的斜拉杆与水平线的角度为 30°~45°。

预应力加固件的斜拉杆,装在被加固的梁腹板左右两侧支座上方的两端。在钢筋混凝土梁上凿开一个安装垫座的位置,割去一部分梁的钢筋箍和竖钢箍,将用角钢或槽钢做成的支承垫座安放在凿好的洞内,并与斜拉杆成垂直角。斜拉杆的一端插入支承垫座内用螺帽扣紧,另一端在立柱下面用一对节点板和水平拉杆结合。装好后,用花篮螺丝把加劲的水平拉杆拧紧。为减少对桥下净空的影响,预应力补强拉杆也可布置在主梁腹部的两侧(中性轴以下)。

由于下撑式预应力补强拉杆布置较为合理,拉杆中施加预应力后,通过拉杆弯起点的支托构件传力,与梁结构产生作用力,起到卸载的作用。这种加固方法的优点是可对受弯构件垂直截面上的抗弯强度和斜截面上的抗剪强度同时起到补强作用。此法加固效果显著,可将原结构的承载能力增大一倍。

(三)组合式预应力补强拉杆加固法

既布置水平补强拉杆,又布置有下撑式补强拉杆,这种加固方式称为组合式预应力加固方法。

组合式预应力补强拉杆的加固方法,既具有下撑式预应力补强拉杆,同时提高抗弯、抗剪强度的优点,又可在必要时将通常安设的两根拉杆增加到四根(两根水平拉杆),从而可更大幅度地提高承载能力。

上述三种预应力补强拉杆加固法的采用,可根据具体情况进行选择。从补强的内力种类来看,当梁板跨中受弯强度不足,而斜截面上抗剪强度足够时,可采用水平预应力拉杆及其他两种拉杆。当梁板支座附近斜截面抗剪强度不足时,则采用下撑式和组合式预应力拉杆。从要求补强加固后承载力能提高较大时,宜采用组合式补强拉杆。此外,三种拉杆的选择均需考虑施工的方便与可能。

第四节　改变结构体系加固技术

一、改变结构体系加固概念

改变结构体系加固,实际就是通过改变桥梁结构体系以减少梁内应力,例如:在简支梁下增设支架或桥墩;或把简支梁与简支梁加以连接,从而由简支梁变为连续梁;或者,在梁下增设钢桁架等的加劲梁,或叠合梁;或者改小桥为涵洞等,以提高桥梁的承载能力。

改变结构体系的方法很多,但往往皆要在桥下操作,或设置永久设施,因而影响桥下净空。因此,要在不影响通航及桥梁排洪能力的情况下使用。该法由于加固效果较好,因此,这是目前解决临时通行超重车辆常见的一种加固措施。重车通过后,临时支墩可以随时拆除,故对通航、排洪影响不大。

二、简支梁变为连续梁加固法

如上所述,采用在简支梁下增设临时支墩,或把相邻的简支梁加以连接的方法,可改变原有结构物的受力体系,由简支梁变为连续梁。

将多跨简支梁的梁端连接起来,变为多跨连续梁,以改善结构的受力状况,提高桥梁的承载能力,其基本做法如下。

（1）掀开桥面铺装层,将梁顶保护层凿除,使主筋外露,并将箍筋切断拉直。然后,沿梁顶增设纵向受力主筋;钢筋直径和根数依梁端连接处所受负弯矩大小而配置;

（2）浇注梁顶加高混凝土和梁端接头混凝土;

（3）拆除原有支座,用一组带有加劲垫板的新支座代替原有的两个支座;

（4）重新做好桥面铺装。

用临时支架加固时,改变原简支梁桥的受力体系,支点处将产生负弯矩,故必须进行受力验算。此法由于缩短了桥梁跨径,使桥梁承载能力得到提高。

三、加劲梁或叠合梁加固法

采用加劲梁或叠合梁以增强主梁的承载能力,也是常用的改变桥梁结构体系的一种加固法。加劲梁或叠合梁的形式有多种。

采用加劲梁和叠合梁加固时,应根据加固时结构体系转换的实际受力状态,分清主次,进行合理的抽象和简化,得出计算图示,进行补强计算。因实际结构比较复杂,各种结构部分之间存在着多种多样的联系,而决定联系性质的主要因素是结构各部分的刚度比值。故新旧结构体系可依据相对刚度大小分解为基本部分和附属部分,以分开计算其内力,如分为主梁与次梁、主跨与副跨,并且注意略去结构的次要变形,从而得到较简明的力学图式。

第五节　扩大基础加固方法

一、扩大基础加固法

桥梁基础扩大底面积的加固,称为扩大基础加固法。此法适用于基础承载力不足,或埋置太浅,而墩台又是砖石或混凝土刚性实体式基础时的情况。扩大基础底面积应由地基强度验算确定。当地基强度满足要求而缺陷仅仅表现为不均匀沉降变形过大时,采用扩大基础面积的方法进行加固,主要由地基变形计算来加以选定,在刚性实体式基础周围加砌混凝土,以扩大基础的承载面积。

扩大基础加固法可按下列顺序进行。

(1)通常在必须加宽的范围内先打板桩加固,如墩台基底土壤不好时,应做必要的加固。

(2)挖去堰内土壤,直挖至必要的深度,以保证墩台的安全。

(3)在堰内把水抽干后,铺砌石块(浆砌),或做混凝土基础。

(4)新旧基础要注意牢固结合,施工时可加设连系(锚固)钢筋或插以钢销,来加固扩大基础和旧基础牢固地结合成一整体。

二、补桩加固法

在桩式基础的周围,补加钻孔桩或打入钢筋混凝土预制桩,并扩大原承台,以此提高基础承载力,增加基础稳定性。这种加固法称为增补桩基加固法。

增补桩基法加固墩台基础的优点是:不需要抽水筑坝等水下施工作业,且加固效果显著。其缺点是:需搭设打桩架和开凿桥面,对桥头原有架空线路及陆上、水上交通均有一定影响。

对单排架桩式桥墩采用打桩(或钻孔桩)加固时,如原有桩距较大(在4~5倍桩径时),可在桩间插桩。如原有桩距较小且通航净跨允许缩小时,可在原排架两侧增加桩数,成为三排式的墩桩。

如在桩间加桩,可凿除原有盖梁并浇筑新盖梁,将新旧桩顶连接起来。但此时必须检查原有盖梁在加桩顶部能否承受与原来力向相反的弯矩,如不能承受则必须加固原有盖梁或重新浇注盖梁。加固原有盖梁时,可在盖梁顶部增设钢筋。

当桥台垂直承载力不足时,一般可在台前增加一排桩并浇筑盖梁,以分担上部结构传来的压力。打桩(或钻孔桩)时可利用原有桥面脚手架,在桥面上开洞插桩。增浇的盖梁可单独受力,也可联结在一起,使旧盖梁、旧桩以及新桩一起受力。

三、钢筋混凝土套箍或护套加固法

如桥梁墩台出现贯通裂缝,为防止裂缝的继续发展,使之能正常使用,可用钢筋混凝土围带或钢箍进行加固。

加固时,一般在墩身上、中、下分设三道围带;其间距应大致相当于桥墩侧面的宽度。每个围带的宽度,则根据裂缝情况和大小而定,一般为墩台高度的 1/10 左右,厚度采用 10~20cm。为加强围带与墩台的连接,应在墩身内埋置直径 10~25mm 的钢销,埋入深度为钢销直径的 20 倍左右,把围带的钢筋网扎在钢销上,埋钢销的孔眼要比销径大出 15~20mm,先填满销孔再浇筑混凝土,同时填塞裂缝。

当墩台损坏严重,如有严重裂缝及大面积表面破损、风化和剥落时,则可采用围绕整个墩台设置钢筋混凝土护套的方法进行加固。

(一)支撑法加固

对因墩台尺寸不足,难以承受台背土压力而往桥孔方向产生倾斜或滑移的埋置式桥台,可采用修筑撑壁法进行加固。

对于单孔小跨径桥台,为防止桥台滑移,可在两台之间加建水平支撑,如整跨浆砌片石撑板,或钢筋混凝土支撑梁进行加固。

(二)增建辅助挡土墙加固

对于因桥台台背水平土压力太大而引起的桥台倾斜,应设法减少桥台后壁的土壤压力在台背加建一挡土墙,以增强挡土能力。

(三)减轻荷载法

筑于软土地基上的桥台,常由于填土较高,而受到较大侧向土压力作用,从而使桥台产生前移,以致发生倾斜。此时,一般可更换台背填土,减小土压力,即采用减轻桥台基础所受荷载的方法进行加固。

(四)采用拉杆技术加固桥台

对于桥台的侧墙发生倾斜,则可以采用拉杆给予加固,采用的材料是组钢筋,钢筋混凝土制作，方法如下。

（1）直接对于桥台两侧侧墙安置对拉钢筋，再加上钢筋混凝土箍团进行处理。

（2）采用预埋锚定，对穿倾斜的侧墙安置钢筋锚头、组钢筋、螺帽，给予收紧达到倾斜的桥台加固和恢复的目的，这里在加固时，要注意清理台内的填土。

第六章 桥梁结构加固与技术改造

第一节 梁桥上部结构加固

一、一般规定

梁式桥的主梁受力状况由三个要素决定,即荷载(恒载、活载)作用产生的内力(弯矩),主梁截面面积决定的截面几何特性(惯性矩、几何抗弯弹性模量)和主梁材料的自身强度。当外界条件改变时,如车辆荷载增加、超限、超重等,对桥梁引起的内力增大,超过主梁结构和材料强度的允许范围时,势必造成主梁受拉部位开裂、破损、承载力下降,成为危桥。随着桥梁运营年限的增加,各种外界因素导致材料性能恶化、强度降低,也将造成原桥承载力下降、开裂、破损,最终成为旧危桥。

钢筋混凝土及预应力钢筋混凝土梁板桥的加固应符合以下规定:①当梁板桥强度、刚度、整体性及耐久性不足时,应对其进行加固。②梁板桥的加固主要采用粘钢加固、FRP 加固、高强钢绞线网聚合物砂浆加固、体外预应力加固等方法,也可采用上述多种方法组合。

二、增大截面加固

目前,国内有相当一部分桥梁,在修建时荷载等级仅适应当年的要求,面对当今交通运输事业的发展,有的已表现出荷载等级偏低、承载力不足的缺陷,有的病害逐渐产生、发展,甚至成为危桥。其主要原因是原桥钢筋和截面尺寸偏小、不能满足当前荷载等级和安全通行的要求。对于这部分桥梁,可采用增大构件截面的方法进行加固。

(一)加固基本原理与特点

增大截面加固法,是增大构件截面和配筋,用以提高构件的强度、刚度、稳定性和抗裂性,适用于钢筋混凝土和预应力混凝土受弯构件、钢筋混凝土上受压构件的加固。

1. 受弯构件加固受力特征

该法属于被动加固法。根据被加固构件的受力特点和加固目的与要求、构件部位与尺寸、施工方便等可设计为单侧、双侧或三侧加固,以及四周外包加固。根据不同的加固目的和要求,该法又可分为增大截面为主的加固和加配钢筋为主的加固,或者两者同时采用的加固。增大截面为主的加固,为保证补加的混凝土正常工作,亦需适当配置构造钢筋。加配钢筋为主的加固,为保证配筋的正常工作,需按钢筋的间距和保护层等构造要求决定适当增大截面尺寸。

钢筋混凝土和预应力混凝土受弯构件采用增大截面法加固设计时,主要有增加受力筋截面、增大混凝土截面两种方法。增大混凝土截面是增设现浇混凝土层来增大正截面高度,进而提高正截面抗弯承载力和刚度。而增加受力钢筋主筋截面是在受拉区截面外增设纵向钢筋。为了保证加固纵向钢筋的正常工作,需要按构造要求浇筑混凝土保护层,进而增大混凝土截面尺寸。因此,旧桥受弯构件的加固设计,应根据现场结构的实际情况,分别采用受压区或受拉区两种不同的加固形式。

该加固方法具有以下特点:①主梁受力明确,计算简单方便,加固后主梁的承载能力、刚度、稳定性得到明显提高,加固效果较好。②施工简便,经济有效。桥面施工活动全部在桥面进行,操作便利,易于控制工程质量。与其他加固方法相比,增大截面加固法可获得较好的经济效益。③加大构件截面,会使上部结构恒载增加,对原桥梁结构的下部结构有一定影响。④现场湿作业工作量大,养护期较长,加固期间需适当中断交通。⑤若对梁底增大尺寸,会使桥下净空有所减小。

2. 加固构造规定

(1)新浇混凝土应符合下列要求:①新浇混凝土强度级别宜比原构件混凝土强度级别提高一级,并不低于C25。②新浇混凝上层的最小厚度,对板不宜小于100 mm,对梁和受压构件不宜小于150 mm。③当新浇混凝土层厚度小于100 mm时,可采用小石子混凝土或喷射高性能抗拉复合砂浆。在结构尺寸复杂和新浇混凝土施工条件差的情况下,可采用微膨胀或自密实混凝土。

(2)加固用的受力钢筋直径不小于12 mm,不宜大于25 mm;构造钢筋直径不小于10 mm;箍筋直径不宜小于8 mm。

(3)新增钢筋应符合下列要求:①当新增纵向钢筋与原构件受力钢筋采用短筋焊接

时,短筋的直径不宜小于 12 mm,各短筋的中距不应大于 500 mm。②当用单侧或双侧加固时,应设置 U 形箍筋或封闭式箍筋。

(4)在受拉区增设混凝土加固的受弯构件,且新增纵向钢筋需截断时,应从计算截断点至少再延长锚固长度。受压构件上新增纵向受力钢筋应伸入与之相连的原结构中,并满足锚固要求。

(5)新老混凝土接合面处,原构件的表面应凿成凹凸差不小于 6 mm 的粗糙面。

(二)增焊主筋加固法

当梁内所配置的主要受力钢筋截面面积不足,无法满足抗弯承载力的要求,而桥下净空又受到限制不允许过多的增加主梁高度时,可采用增加纵向主梁钢筋的方法进行设计与加固。增焊主筋加固法主要施工步骤如下。

1. 增焊主筋

凿开梁肋下缘混凝土保护层,露出主筋,将原箍筋切断并拉直,再把新增钢筋焊在原主筋上,新增受力钢筋与原受力钢筋净间距在 20 mm 以上,采用短筋或箍筋与厚钢筋焊接,增焊钢筋断头宜设在弯矩较小的截面上。为了减少焊接时温度应力的影响,施焊时应采用断续双面施焊,并从跨中向两支点方向依次施焊。

2. 增设植筋

如果原桥梁的箍筋不足或梁腹出现剪切裂缝,则在加固过程中,在增焊主筋的同时还应在梁的侧面增加 U 形箍筋或封闭式箍筋,并与原构件牢固连接。具体做法是:在梁腹上埋入梢钉,把补充的箍筋固定起来,并把箍筋上端埋入桥面板中。

3. 卸除部分恒载

加固时,为了减少原结构的截面应力,使新增加的钢筋充分发挥作用,有条件时应采取多点顶起等措施,将梁顶起或凿除部分桥面铺装,然后再进行加固(起顶位置和吨位由计算确定)。

4. 恢复保护层

钢筋焊接好并接卡箍筋后,重新做好混凝土保护层。

(三)增大混凝土截面加固法

当采用加大混凝土截面法进行补强加固设计时,必须考虑结构分阶段受力这一特点,并进行详细的分析计算。这种加固方法只有在因补强加固所增加的恒载仍在原结构下缘受拉区强度许可的限度内方可采用,也就是说原结构截面必须能承受原有恒载和补强加固增加的恒载,而活载则由最后的组合截面承受。

受压区增大截面加固方法,一般适用于跨径较小的 T 形梁桥或板梁桥。在原桥上部结构构件的承载力不足,截面面积过小,而墩台及基础较好,承载力较大的情况下,为了方便施工,可将原有桥面铺装层拆除,对桥面板表面进行处理后,再浇筑一层新的钢筋混凝土补强层,用以提高梁(板)的抗弯能力。

为了使新旧混凝土有良好的结合,应把原桥面板表面凿毛洗净,每隔一定的距离都要设置齿形剪应力槽或埋设桩状(钢筋柱)剪力键,或用环氧树脂作为胶结层;同时,在桥面板上铺设钢筋网,以增强桥面板的整体性和抗压能力,防止新浇筑的混凝土补强层开裂。钢筋网的钢筋直径与间距可根据补强层参与桥面板共同受力情况来确定。加固后重新铺设桥面的铺装层。

对于有三角垫层的桥面板,可将原作为传力结构的三角垫层凿去,代之以与原桥面板结合为整体、共同受力的钢筋混凝土补强层,或用钢筋混凝土补强层取代桥面铺装层。这样在不增加桥梁自重的情况下进行加固补强,其效果更为明显。

该法施工简便,不需搭设支架,但施工时桥上行车受阻。因此,对于不允许中断交通的重要干线桥梁,这种加固方法受到一定的限制。此外,由于加厚部分使桥梁自重和恒载弯矩增加较多,并且仍然是原结构下缘受拉钢筋应力控制设计,故此加固方法一般只适用于跨径较小的 T 形梁桥或板梁桥,而且在加固前应对梁(板)的受力状况进行详细内分析,在梁(板)下翼缘强度容许的限度内确定桥面的加厚高度。

此外,在现有桥梁中有一部分 T 形梁桥。这类桥因原截面高度不够或尺寸过小,导致其承载力不足。对于此类桥梁,可在梁肋下缘扩大截面面积,而在靠近支座的梁端部分仍保持原截面(即仅在跨中某区段将梁肋下缘截面加大),在截面扩大部分与原截面之间作一斜面过渡。在新增混凝土截面中增设受力主筋,通过加固层与原结构紧密结合在一起,共同承受外荷载作用。

为了保证新旧混凝土之间有良好的黏结,须在浇筑混凝土前,先将结合部位的旧混凝土表面凿毛,露出骨料,清洗干净;同时每隔一定距离(一般为 1 m 左右)凿露出主筋,以便通过锚固钢筋将新增加的主筋与原结构中的主筋相连接,新增加的混凝土一般采用悬挂模板现场浇筑。

三、粘贴碳纤维复合材料（FRP）加固

现代复合材料以 20 世纪 40 年代碳纤维增强复合材料 CFRP（Carbon Fiber Reinforced Polymer/PlasticX 玻璃钢）的出现为标志。目前，各国已经研发出了具有各种优异性能的聚合物基复合材料，包括玻璃纤维、碳纤维、芳纶纤维等增强复合材料。在航空航天领域、现代国防工业中 FRP 首先得到发展、应用。在民用工业如机械工业、交通运输、建筑工业以及生物医学、体育等领域），FRP 由于其优异性能而得到广泛应用。

粘贴碳纤维复合材料（FRP）加固法是采用黏结剂将 FRP 粘贴在钢筋混凝土结构物的受拉区或薄弱部位，使之与结构物形成整体，从而提高受弯构件承载能力的加固方法。

在采用碳纤维布等纤维复合材料加固混凝土梁式桥时，纤维片材因纤维排列方向不同而使各方向拉伸强度不相同，纤维方向与受力方向相同时，其拉伸强度最高；反之，纤维方向与受力方向垂直时，其强度最低，因此，在用纤维片材进行加固设计中，必须正确掌握纤维的布置方向。

（一）碳纤维复合材料加固机理

工程材料的进步及新材料的出现，历来是土木结构工程发展的先驱和动力。碳纤维材料的出现和成功应用于土木工程的加固与补强上，使土木工程加固技术研究更上一个台阶。碳纤维是一种新型建材、因其质轻、耐腐蚀、片材很薄、抗拉强度高而被广泛应用。碳纤维布（片）加固法亦被视为梁式桥加固补强、提高承载能力，尤其是当高度受限制时的首选加固方法，其施工工艺也很简单，适用于钢筋混凝土受压柱，提高延性、耐久性的加固；亦可用于梁、板的加固。

与传统的其他加固方法相比，将抗拉性能优良的碳纤维布用粘贴材料粘贴到梁体底面或箱梁内壁上，使其与原结构一起受力，即碳纤维布可以与原结构内布置的钢筋一道共同承受拉力，以调高旧桥的承载能力。沿桥梁的主拉力方向（或与裂缝正交方向）粘贴碳纤维布，两端分别设置锚固端，据此可约束混凝土表面裂缝、防止裂缝再扩展，从而达到提高构件抗弯刚度、减少构件挠度、改善梁体受力状态的目的。

粘贴碳纤维复合材料加固法适用于梁、板的加固，可以提高梁、板的承载力，对刚度的提高效果相对较差；亦可用于加固钢筋混凝土受压柱，以提高其承载力、延性、耐久性等。适用范围如下：①原构件受拉主筋或腹筋配筋不足的梁和板，抗弯、抗剪加固效果较为显著。②原构件受拉钢筋严重腐蚀或受损，以致承载力无法满足安全及使用要求。③提高构件的抗裂性，可限制裂缝的发展。④以延长结构使用年限为主要目的的耐久性加固。

⑤混凝土墩柱的抗剪、抗压补强及抗震延性补强。

碳纤维片材可采用下列方式对混凝土结构构件进行加固：①在梁、板构件的受拉区粘贴碳纤维片材进行受弯加固，纤维方向与加固处的受拉方向一致。②采用封闭式粘贴、U形粘贴或侧面粘贴对梁、柱构件进行受剪加固，纤维方向宜与构件轴向垂直。③采用封闭式粘贴对柱进行抗震加固，纤维方向与柱轴向垂直。④有可靠依据时，碳纤维片材也可用于其他形式和受力状况的混凝土结构构件的加固。

（二）碳纤维材料与要求

采用粘贴碳纤维片材对混凝土结构加固时，应使用碳纤维片材、配套树脂类黏结材料和表面防护材料。

1. 碳纤维片材

碳纤维布的抗拉强度应按纤维的净截面面积计算，净截面面积取碳纤维布的计算厚度乘以宽度。碳纤维布的计算厚度应取碳纤维布的单位面积质量除以碳纤维密度。

碳纤维板的性能指标应按板的截面（含树脂）面积计算，截面（含树脂）面积取实测厚度乘以宽度。

单层碳纤维布的单位面积碳纤维质量不宜低于 150 g/m^2，且不宜高于 450 g/m^2。在施工质量有可靠保证时，单层碳纤维布的单位面积碳纤维质量可提高到 600 g/m^2。碳纤维板的厚度不宜大于 2.0 mm，宽度不宜大于 200 mm，纤维体积含量不宜小于 60%。碳纤维片材的力学性能参照现行国家标准测定。

2. 配套树脂类黏结材料

采用碳纤维片材对混凝土结构加固时，应采用与碳纤维片材配套的底层树脂、找平树脂、浸渍树脂或黏结树脂。

3. 表面防护材料

对已加固完的结构表面应进行防护处理。表面防护材料应与浸渍树脂或黏结树脂可靠黏结。选用的防火材料及其处理方法，应使加固后的建筑物达到要求的防火等级。当被加固的结构处于特殊环境时，应根据具体情况选用有效的防护材料。

（三）碳纤维复合材料加固设计及要点

1. 一般规定

（1）采用碳纤维复合材料加固受压柱时，原构件混凝土强度等级不得低于 C25。

（2）纤维复合材料宜粘贴呈条带状,非围束时板材不宜超过2层,布材不宜超过3层。

（3）对钢筋混凝土柱进行粘贴纤维复合材料加固时,条带应粘贴成环形箍,且纤维方向应与柱的纵轴线垂直。

（4）加固大偏心受压构件,可将纤维复合材料粘贴于构件受拉区边缘混凝土表面,纤维方向应与柱的纵轴线方向一致。

（5）加固受拉构件,纤维方向应与构件受拉方向一致。

（6）梁的受拉区两侧粘贴纤维复合材料进行抗弯加固时,粘贴高度不宜高于1/4梁高。

（7）采用封闭式粘贴或U形粘贴对梁、柱构件进行斜截面加固,纤维方向宜与构件轴线垂直或与其主拉应力方向平行。

（8）纤维复合材料沿纤维受力方向的搭接长度不应小于100 mm,当采用多条或多层纤维复合材加固时,其搭接位置应相互错开。

（9）当纤维复合材料绕过构件（截面）的外倒角时,构件的截面棱角应在粘贴前打磨成圆弧面,且圆弧半径满足,梁不应小于20 mm,柱不应小于25 mm。对于主要受力纤维复合材料不宜绕过内倒角。

（10）粘贴多层纤维复合材料加固时,应将纤维复合材料逐层截断,并在每层截断处最外侧加压条,其粘贴形式采用内短外长式。

（11）采用纤维复合材料对钢筋混凝土梁或柱的斜截面承载力进行加固时,其构造应符合下列规定:①宜选用环形箍或加锚固的U形箍;仅按构造需要设箍时,也可采用一般U形箍。②U形箍的纤维受力方向应与构件轴向垂直。③一般情况下,在梁的中部应增设一道纵向中压带。

2. 梁和板的加固

（1）对梁、板进行抗弯加固时,可在纤维复合材料两端设置U形箍或横向压条。其切断位置距其充分利用截面的距离不应小于黏结长度。

（2）当纤维复合材料延伸至支座边缘仍不满足黏结长度的规定时,应采取以下锚固措施:①对于梁,在纤维复合材料延伸长度范围内至少应设置两道纤维复合材料U形箍锚固。U形箍宜在延伸长度范围内均匀布置,且在延伸长度端部必须设置一道。U形箍的粘贴高度宜伸至顶板底面。每道u形箍的宽度不宜小于受弯加固纤维复合材料宽度的

1/2，U形箍的厚度不宜小于受弯加固纤维复合材料厚度的1/2。②对于板,在纤维复合材料的延伸长度范围内至少设置两道垂直于受力纤维方向的压条。压条宜在延伸锚固长度范围内均匀布置,且在延伸长度端部必须设置一道。每道压条的宽度不宜小于受弯加固纤维复合材料条带宽度的1/2,压条的厚度不宜小于受弯加固纤维复合材料厚度的1/2。③当纤维复合材料的黏结长度小于按公式计算所得长度的1/2时,应采取可靠的附加机械锚固措施。

（3）对梁、板负弯矩区进行受弯加固时,碳纤维片材的截断位置距支座边缘的延伸长度应根据负弯矩分布确定,且对板不小于1/4跨度,对梁不小于1/3跨度。

（4）当采用碳纤维片材对框架梁负弯矩区进行受弯加固时,应采取可靠锚固措施与支座连接。当碳纤维片材需绕过柱时,宜在梁侧1/4高度范围内粘贴;当有可靠依据和经验时,此限制可适当放宽。板受弯加固时,碳纤维片材宜采用多条密布方案。当沿柱轴向粘贴碳纤维片材对柱的正截面承载力进行加固时,碳纤维片材应有可靠的锚固措施。

（5）采用碳纤维片材对钢筋混凝土梁、柱构件进行受剪加固时,应符合下列规定：①碳纤维片材的纤维方向宜与构件轴向垂直。②应优先采用封闭粘贴形式,也可采用U形粘贴和侧面粘贴。对碳纤维板,可采用双L形板形成U形粘贴。③当碳纤维片材采用条带布置时,其净间距不应大于现行国家标准规定的最大箍筋间距的0.7倍。④U形粘贴和侧面粘贴的粘贴高度宜取构件截面高度。对于U形粘贴形式,宜在上端粘贴纵向碳纤维片材压条；对于侧面粘贴形式,宜在上、下端粘贴纵向碳纤维片材压条。

（四）受弯构件加固计算

1. 加固受力特点分析

（1）碳纤维布加固混凝土构件,在提高其抗弯承载力时,还可能对抗弯构件的破坏形态产生影响。当碳纤维布用量过多时,构件的破坏形态将由碳纤维被拉断引起的破坏转变为混凝土被突然压碎破坏。与此同时,由于碳纤维为完全弹性的材料,它与钢筋的共同工作会减弱钢筋塑性性能对构件延性的影响。碳纤维布用量过多,构件延性将有所降低。因此,碳纤维布用于钢筋混凝土梁式桥的加固补强时,应根据实际情况合理使用。

（2）用碳纤维布加固的旧桥,一旦发生破坏（如拉断或剥离等脆性破坏）具有突发性,因此其承载力极限状态不能按普通钢筋混凝土的定义,通常应按碳纤维抗拉强度的2/3进行抗弯承载力计算。

（3）研究证实，碳纤维布能够提高混凝土梁抗剪承载力，其作用机理与箍筋类似，同时还能明显改善构件的变形性能，增强构件抗变形能力。

2. 基本假定

（1）构件弯曲后，截面仍保持为平面。

（2）截面受压混凝土的应力图形简化为矩形，其压应力强度取混凝土的轴心抗压强度设计值；截面受拉混凝土的抗拉强度不予考虑。

（3）极限状态计算时，受拉区钢筋应力取其抗拉强度设计值；受压区钢筋应力取其抗压强度设计值。

（4）达到受弯承载力极限状态时，按平截面假定确定纤维复合材料的拉应变不应超过纤维复合材料的拉应变。纤维复合材料的应力取拉应力与弹性模量的乘积。

（5）构件达到正截面承载能力极限状态时，纤维复合材料与混凝土之间不应发生黏结剥离破坏。

（6）受弯构件的作用荷载效应分为两个阶段受力进行计算。

第一阶段为加固前，作用（或荷载）应包括原构件自重在内的实际恒载及施工荷载。

第二阶段为加固后，作用（或荷载）应考虑包括自重在内的恒载、二期恒载作用及使用阶段的可变作用。作用效应组合系数，按照现行规范取用。

（五）加固施工工序

1. 加固梁式桥施工工序

（1）施工准备

认真阅读设计施工图，然后根据施工现场和被加固构件混凝土的实际情况，拟订施工方案和施工计划，最后对所使用的碳纤维片材、配套树脂、机具等做好施工前的准备工作。

（2）表面处理

清除被加固构件表面的剥落、疏松、蜂窝、腐蚀等劣化混凝土，露出混凝土结构层，并用修复材料将表面修复平整。然后按设计要求对裂缝进行灌缝或封闭处理。把被粘贴的混凝土表面打磨平整，除去表层浮浆、油污等杂质，直至完全露出混凝土结构新面。转角粘贴处应进行导角处理并打磨成圆弧状，圆弧半径不应小于 20 mm。混凝土表面应清理干净并保持干燥。

（3）涂刷底层树脂

该工序用于渗透入混凝土表面,促进黏结并形成长期持久界面的基础;油灰,用于填充整个表面空隙并形成平整表面,以便使用碳纤维片材;浸渍树脂或黏结树脂,前者用于碳纤维布粘贴,后者用于碳纤维板粘贴。按产品生产厂提供的工艺规定配制底层树脂。采用滚筒刷将底层树脂均匀涂抹于混凝土表面,可以在底层树脂表面指触干燥后,尽快进行下一道工序的施工。

（4）找平处理

按产品生产厂提供的工艺规定配制找平材料。对混凝土表面凹陷部位用找平材料填补平整,不应有棱角。转角处应采用找平材料修理成为光滑的圆弧,且其半径不应小于20 mm。可以在找平材料表面干燥后,尽快进行下一道工序的施工。

（5）粘贴板纤维片材

①粘贴碳纤维布

按设计要求的尺寸裁剪碳纤维布;按产品生产厂提供的工艺规定配制浸渍树脂,并均匀涂抹于粘贴部位;将碳纤维布用手轻压放在需粘贴的位置,采用专用的滚筒顺纤维方向多次滚压,挤出气泡,使浸渍树脂充分浸透碳纤维布,滚压时不得损伤碳纤维布;多层粘贴时重复上述步骤,并宜在纤维表面的浸渍树脂指触干燥后尽快进行下一层粘贴;在最后一层碳纤维布的表面均匀涂抹浸渍树脂。

②粘贴碳纤维板

按设计要求的尺寸裁剪碳纤维板,并按产品生产厂提供的工艺规定配制黏结树脂;将碳纤维板表面擦拭干净至无粉尘。当需粘贴两层时,底层碳纤维板的两面均应擦拭干净;擦拭干净的碳纤维板应立即涂刷黏结树脂,树脂层应呈突起状,平均厚度不应小于2 mm;将涂有黏结树脂的碳纤维板用手轻压贴于需粘贴的位置。用橡皮滚筒顺纤维方向均匀平稳压实,使树脂从两边挤出,保证密实无空洞。当平行粘贴多条碳纤维板时,两条板带之间的空隙不应小于5 mm;需粘贴2层碳纤维板时,应连续粘贴。当不能立即粘贴时,在开始粘贴前应对底层碳纤维板重新进行清理。

（6）表面防护

防紫外线辐照、防火和保证防护材料与碳纤维片材之间有可靠的黏结。施工宜在5℃以上环境温度条件下进行,环境温度低于5℃时,应使用适用于低温环境的配套树脂或采用升温处理措施。在表面处理和粘贴碳纤维片材前,应按加固设计部位放线定位。

(7)检查与验收

碳纤维下片材实际粘贴面积应不少于设计量,位置偏差应不大于 10 mm。碳纤维片材与混凝土之间的黏结质量可用小锤轻轻敲击或手压碳纤维片材表面的方法来检查,总有效黏结面积不应低于 95%。当碳纤维布的空鼓面积小于 10 000 mm^2 时,可采用针管注胶的方式进行补救,空鼓面积大于 10 000mm^2 时,宜将空鼓处的碳纤维片材切除,重新搭接贴上等量的碳纤维片材,搭接长度应不小于 100 mm。碳纤维片材粘贴效果由拉拔力方法进行测定。

2. 采用碳纤维布等纤维复合材料加固梁式桥施工工艺

采用碳纤维布等纤维复合材料加固梁式桥时具体施工工艺及要求如下:

(1)面层处理

①混凝土表面的劣化层,例如风化、游离石灰、脱模剂、剥离的砂浆、粉刷层、污物等,必须用砂轮机去除并研磨。

②用空气喷嘴、砂轮机与毛刷将待补强区的粉尘及松动物质去除,用水洗净之后,必须使其充分干燥。

(2)断面修复

①将混凝土面层的不良部分(例如剥落、孔隙、蜂窝、腐蚀等)清除。若有钢筋外露情形,必须先做好防蚀处理,再以强度相等或大于混凝土的环氧树脂砂浆材料修补。

②裂缝以环氧树脂灌注。

③裂缝或打除部分若有漏水情形时,应先做好止水、导水处理。修复完成之后的高度差应在 1 mm 以下。

(3)表面修整

①表面平整度凸出部分(小突起等)以切割机或砂轮机将其铲除并使其平滑。凹陷部分(打除部分)以环氧树脂补土或树脂砂浆填补。

②转角处需研磨至凸角 R=20 mm(R 为曲率半径)以上,凹角则以树脂砂浆填补。

(4)底层涂料涂布

①将主剂和硬化剂依所规定的配置比放置于拌和桶中,使用电动搅拌机,使其均匀混合(约 2 min)。一次的拌和量为在可使用时间内的施工量,超过可使用时间的材料,不可使用。

②以毛刷滚轮均匀涂布,依现场状况决定是否涂布第二道(初干之后)。涂布量随施

工面的方向及粗糙的程度有所变化。

③指触干燥时间为 3~12 d。

④施工现场空气应十分流通,严禁烟火。施工时必须要穿戴保护装置(如口罩、护目镜及橡皮手套)。

应注意气温在 5 ℃以下,雨天或者空气湿度 > 95% 时,不可施工。施工范围的温度、湿度确认后,选用适当的底层涂料。

(5)碳纤维布材的粘贴

①纤维贴片预先以剪刀、刀子依所设计的尺寸大小裁好,依使用量剪裁尺寸、长度在 2 m 以内最适当。为防止保管期间内的破损,裁剪数量只裁所需使用的数量。

②施工面底漆的干燥程度可以指触确认。底漆超过一星期以上时,应以砂轮机磨平。

③将环氧树脂的主剂(A 剂)和硬化剂(B 剂)依所规定的配比放置于拌和桶中,使用电动搅拌机,使其均匀地混合(约 2 min)。一次的拌和量为在可使用时间内的工量,超过可使用时间的材料,不可使用。

④环氧树脂用毛刷滚轮均匀涂布(涂布在底漆上)。涂布量随施工面的表面粗糙程度会有所变化,转角部分要多涂。

⑤强化纤维粘贴于树脂涂布面后,以毛刷滚轮和橡皮刮刀顺着纤维方向用力推平,使树脂浸透并去除气泡,纤维(长向)方向的搭接长度至少要留 10 cm,短向则可不留。

⑥粘贴后放置 30 min,若纤维有浮出或脱线情形发生时,以滚轮或橡皮刮刀压平修正。

⑦单向强化纤维表面再涂布树脂(涂于面层),以毛刷滚轮或者橡皮刮刀顺着纤维方向用力推展,使树脂充分浸透和补充。

⑧两层以上的强化纤维相叠贴时,重复④~⑦的步骤。

⑨施工现场空气应十分畅通,严禁烟火。工作人员施工时必须要穿戴保护装置。

(6)养护

①纤维加固施工完成后,待确认指触干燥后,应用塑胶布覆盖,来防止雨淋,同时也应注意覆盖布不要碰触到施工面。

②覆盖布的养护需要 24 d 以上。

应注意在室外施工时,为了不使雨水、砂、灰尘等附着其上,必须使用塑胶布保护。

（7）涂层保护

完工后表面涂刷耐紫外线涂层或者与原混凝土颜色相近的涂层。

四、增加辅助构件加固方法

（一）增设纵梁加固法

在墩台地基安全性能好，并具有足够承载能力的情况下，可以采用增设承载能力高和刚度大的新纵梁，这些新梁与旧梁相连接，共同受力。由于荷载在新增主梁后的桥梁结构中重新分布，使原有梁中所受荷载得以减少，由此使加固后的桥梁承载能力和刚度得到提高。当增设的纵梁位于主梁的一侧或两侧时，则兼有加宽的作用。

旧桥梁中间增设纵梁时，可拆除个别主梁或两相邻主梁之间的翼板，从而形成空位，然后再在空位上安装承载能力和刚度都比原有主梁大的新纵梁。为保证新旧主梁能够共同工作，关键在于使新旧混凝土之间形成可靠的连接。因此，必须注意做好新旧梁之间的横向联结。横向联结的做法很多，有企口铰接、线槽联结、焊接和钢板铰接等。对装配式板梁，可以采用企口铰接、键槽联结的形式，而常用的是梁跨中部分采用企口铰接，而在较薄弱的梁端需采用数道键槽联结。

原桥为装配式T梁时，可采用沿梁跨设置数道键槽的方法，使新纵梁与原有主梁的翼板联结成一体。这种键槽联结能承受接头处的剪切应力和局部承压力。为实现这种键槽联结，施工时必须在原梁翼板上每隔一小段距离凿一个正方形或圆形孔洞，安装后正好互相吻合对齐，或刚性型钢筋。在设置好锚固钢筋和防收缩钢筋网之后，在对齐的孔洞中和装配式钢筋混凝土梁的接缝中浇筑细石水泥混凝土使之成为整体。

采用这种加固方法加固的桥梁，对其做静动的情况表明，加固后桥梁整体刚度增大，荷载横向分布性能改善，各梁受力均匀，实测挠度很小，达到了提高通行能力的要求。

（二）增设横隔梁加固法

对于因横向整体性差而降低承载能力的桥梁上部结构，可以采用增加横隔梁的方法、增加各主梁之间的横向连接。此时可在新增横隔梁部位的主梁梁肋上钻孔，设置贯通全桥宽的横向连接钢筋，此钢筋的梁端用螺帽锚固在两侧主梁梁肋外侧。新筑新增横隔梁混凝土之前应将与主梁结合处的混凝土表面先凿毛洗净，然后悬挂模板浇注横隔梁混凝土。

（三）梁式桥上部结构拓宽与改建

为提高桥梁的通行能力，适应线路拓宽改建要求，必须把宽度较窄的桥梁加以拓宽改建，梁式桥梁上部结构拓宽改建有单边拓宽改建和双边拓宽改建两种形式。

1. 单边拓宽改建法

当原有公路路线是以单边拓宽进行改建时，相应地对旧桥也可采用单边拓宽的形式予以改建。单边拓宽的做法是平行于原桥另建一座新的桥跨结构。

2. 双边对称拓宽改建法

为了与旧有路线双边对称拓宽的方案相适应，许多旧桥也应该采用双边对称拓宽的改建方案。双边拓宽的形式，主要有增设独立边梁作为人行道，以及增设大边梁来拓宽旧桥桥面和提高旧桥承载能力等。其施工步骤如下：①掀开桥面铺装，凿除旧梁翼板，切断横隔梁。②利用原桥搭设脚手架，支立模板，安装钢筋骨架，安装支座。③浇筑混凝土，强度达到75%后拆除模板。④焊接新旧横隔梁联结部位的钢板，浇筑接缝处的混凝土。⑤焊接上翼板处和桥面的钢筋，并且浇筑混凝土。

五、高强钢丝线网聚合物砂浆加固

高强钢丝网聚合物砂浆薄层加固法是在混凝土构件表面铺上钢丝网，然后用膨胀螺钉锚固在构件上，使其共同工作整体受力，最后抹上聚合物砂浆作为保护层，以提高结构承载力和耐久性（砂浆与钢丝网这两种不同性质的材料在加固中起着不同的作用，钢丝网提高结构的承载能力，砂浆层起保护和一些黏结作用）的一种加固方法。

（一）构件表面处理

高强钢丝网加固混凝土结构的表面处理的目的就是：除去了妨碍黏结表面的疏松层和污染物；增加被粘物的有效表面积，提高黏结能力；改变被粘物表面化学结构，以便增加新老混凝土的黏结力。

对于使用了很久且很脏的混凝土构件的黏结面，先应用非金属砂如河砂、硅砂、碳化硅或氧化铝干法喷砂吹除，或用硬毛刷粘高效洗涤剂刷除表面油垢；或用铁锤和凿子借人力对新老混凝土黏结面敲打，使其表面形成随机的凹凸不平状，增加黏结面的粗糙程度，人工凿毛后，用真空吹去或刮出块状物，用清洁压缩空气吹掉灰尘和颗粒。如果混凝土表面不是很脏很旧，则可直接对构件进行人工凿毛。

（二）钻孔打铆钉

在上网之前先在离构件底边缘 5 cm 处划一横线,在线上用冲击钻钻孔,孔深为 38~40 mm,孔距构件侧边缘 4.5 cm,中间孔间距 6 cm,边孔要注意在构件内的最外侧钢筋内钻孔。

在端头用铆钉锚固环时,每两环合一孔,注意锚固环要理直。在拉网前要在端头打第二排孔,拴住钢丝网,以免拉网时端头锚固环脱落。

（三）挂网

挂网前应在另一端钻一孔,用来挂拉直仪器。挂网时应注意拉直,保证边缘距离。

（四）中间加铆钉

中间钻孔按梅花状在两条分布筋中间靠拉网边钻孔（以便于后面绷紧钢丝网）,钻孔时应顶紧钢丝网保证构件上的孔在两分布筋中。

（五）绷紧钢丝网

当打铆钉快到拉直工具时,拆去拉直工具,并开始在末端钻孔,在末端钻孔时应注意在锚固环外缘斜向外钻孔,由此拉直绷紧纵向钢筋,然后在中间须加铆钉的,加上铆钉。

（六）清洗构件表面

用高压喷头清洗加固面,应使钻孔中及加固面灰粉洗净,要清洗 3~5 遍。

（七）配制底胶

水灰比为 1∶0.5~0.7（其中 1 为灰用量,0.5~0.7 为水用量）,每平方米用灰量为 0.25 kg。注意:底胶应随配随用,避免固结;喷浆时堵塞喷嘴。

（八）喷底胶

清理构件面确定钢丝网上及其加固面没有浮水时,之后喷底胶。

（九）配制水泥浆

在底胶还没完全干之前抹底。灰浆配合比为:17 kg 灰（一袋）∶3 kg 结合剂∶17% 水。水泥浆每次搅拌 3 min。注意:第一次搅拌时先加入 90% 的水,要出料时再加剩余的水;搅拌出料。

（十）抹水泥浆

抹底不能一次性抹光,应分 3~4 次,第一遍 8~10 mm;第二、三遍 5 mm。抹第二、三遍时,应注意在前一遍水泥浆快结硬前抹。

（十一）养护

从抹底完毕,材料干硬后,要进行浇水养护,干硬之后 4 h 内应每半小时养护 1 次,之后每天均匀养护 7~9 次。

第二节　拱桥上部结构加固

一、拱桥加固基本原理

（一）概述

拱桥是我国使用最广泛的桥型之一,在桥梁发展史上具有重要的地位。据统计,目前我国公路桥梁 60% 左右为拱桥,这些拱桥大部分为 20 世纪 70~80 年代建设,设计荷载等级比较低;随着我国经济高速发展及交通大件运输的需求,这些桥梁发生了不同程度的病害,一些结构性病害甚至危及桥梁运营安全,如何确保低荷载等级桥梁的使用安全与提高桥梁的荷载等级,是桥梁加固工作中的重要问题。

（二）结构受力特点

1. 拱桥受力特点

拱在荷载（恒载、活载）作用下,除了承受荷载产生的轴向压力外,还承受荷载产生的弯矩和剪力。由于剪力影响相对较小,所以拱式结构通常被认为是以压弯受力为主的结构。

拱式结构以受压为主。在竖向荷载作用之下,拱桥产生水平反力,造成墩台基础竖向沉降以及水平位移,墩台的位移往往引起主拱受力体系产生较大的位移附加应力,使得压力线和拱轴线发生偏离,造成拱轴截面偏心受压。当偏心距大于限值时,拱圈将有可能开裂破坏。

拱式桥梁主拱圈结构受力状况由三个要素决定,即荷载（活载、恒载）作用产生的内力（轴力、弯矩）、主拱圈截面的面积、抗弯惯性矩和抗弯截面模量等几何特性,以及主拱圈材料的自身强度。当车辆荷载增加、超限、超载车辆行驶,对桥梁引起的内力超过主拱圈材料强度的允许范围时,势必造成主拱圈受拉部位开裂破损、承受力下降甚至成为危桥;或者随着运营年限增加,各种因素作用导致材料性能恶化、强度降低,也将造成原桥承载力下降,成为了危桥。

2. 加固后拱桥的二次受力特性

加固后拱桥属于二次受力结构。加固前原结构已有荷载作用(即第一次受力),内部存在一定的应力和形变;而加固一般是在未卸载或未完全卸载的条件下进行,新加的加固(增强)部分(以下简称"加固层")在自身强度形成后,才开始参与承担后来的新增荷载(如活载)。因此,加固层的应力和应变均滞后于原结构。

(三) 加固基本原理

拱桥梁加固方法和技术,归纳起来为从外因和内因两个角度对桥梁结构进行加固补强。

1. 从外因角度(通过结构的性能改变提高拱圈的承载力)

(1)增大主拱圈截面面积,增加主拱圈的抗弯刚度。

对拱圈采用喷射混凝土、现浇混凝土、外包混凝土等加固方法,都是属于这类加固技术和方法。采用增大拱圈截面的方法加固,其目的是:在荷载等级不变的前提下减小拱圈截面的拉应力;当荷载等级增加时,使拱圈截面承受的拉应力,保持在拱圈材料性能承受范围内,从而达到加固拱圈、提高承载力的目的。

(2)增加拱圈的强度,降低主拱圈的轴力。

对拱圈采用环氧树脂砂浆(胶浆)粘贴钢板、钢筋、玻璃钢、碳纤维布和芳纶纤维布等高强度材料,增加拱圈的强度都是属于此类加固方法和技术。采用增加拱圈强度的方法加固,其目的是:增加拱圈的强度,使荷载在拱圈上产生的拉应力小于补强材料的强度,从而达到加固主拱圈,提高了承载力的目的。

2. 从内因角度(采用改变结构体系、减轻拱上建筑恒载重量提高拱圈的承载力)

(1)改变结构体系,减小主拱圈的内力。

采用梁拱结合共同受力的方式,将原桥重力式拱上建筑改变为轻型的桁架或刚架或减轻拱圈承受的恒载重力,减小了拱圈上拉应力,从而达到加固主拱圈、提高承载能力的目的。

(2)减轻拱上建筑恒载重量,减小主拱圈的内力。

采用减轻桥面系自重和减轻拱上建筑自重,减小拱圈承受的恒载内力,达到了提高拱桥承受活载的能力的目的。

综上所述,拱桥加固的根本目标之一是减小拱圈上的拉应力。对于抗压性能极好的与工或钢筋混凝土拱桥,减小了主拱圈的拉应力,也就意味着提高了主拱圈即原桥的承载能力。随着科学技术的不断进步和发展,将还有更多的桥梁加固新材料、新技术不断地涌现和问世,促进拱桥的维修、养护、加固和技术改造。

二、增大截面加固方法

当因断面不足或施工质量不佳、墩台地基沉降、桥梁长期超载运营等引起拱圈开裂和变形时,可采用增大拱圈截面的方法加固。最常用的方法是:用钢纤维混凝土、钢筋混凝土、钢筋钢纤维混凝土,或钢筋钢丝网钢纤维混凝土(简称"三钢混凝土")加大主拱圈的厚度。也可用钢筋混凝土外包石拱桥、双曲拱桥的拱肋截面,或在双曲拱肋波背部加盖钢筋混凝土倒槽形板,或者用预制拱肋加固桁架拱等。

(一)主拱圈下缘增大截面加固法

实腹式拱桥存在实腹段。拱圈截面承载力不足时,若采取拆除拱上实腹部分加固主拱圈拱背难度大,费工、费时、费用高,需要中断交通。在桥下净空容许或根据水文资料桥下泄水面积容许压缩时,可在原拱圈下面喷射钢筋网混凝土或紧贴原拱圈下面浇筑钢筋混凝土新拱圈进行加固。

该方法不用开挖拱上填料,具有不中断交通的优点;但是施工难度较大,应特别注意新旧拱圈的密切结合。为了增强新老拱圈之间的连接强度,需要在拱腹植入锚筋等措施。在设计时,应验算墩台能否满足加固要求;必要时,须增大墩台尺寸。

1. 钢筋网混凝土拱圈内壁喷固法

该方法在主拱圈拱腹,按一定间距钻孔设置锚杆,再在锚杆上焊接或绑扎钢筋网,然后喷射混凝土加固。喷射混凝土的厚度,按结构受力需要确定。

目前,通常采用的锚杆为高强膨胀锚栓。条件受限,没有膨胀锚栓时,亦可采用传统的钢筋砂浆锚杆或锲缝式金属锚杆。砂浆锚杆由于需要灌浆施工存在一定难度,此外,还可采用聚酯树脂锚杆、膨胀锚栓等锚杆形式。

喷锚加固施工工艺如下:

（1）先去除剥落、松散的表层，并用水冲洗干净。若有裂缝存在，可采用前述修补裂缝方法，先对裂缝进行修补和处治。

（2）钻锚杆孔、安装锚杆、布设钢筋网。按照提高承载能力的需要，在主拱下缘布设钢筋网。通常是按一定间距设置锚杆，将钢筋沿桥的纵横方向焊接到锚栓上构成钢筋骨架，钢筋网的作用在于承受拉应力，提高了喷护层强度，传递温度应力，减少收缩裂纹，加强喷射混凝土的整体性等。

（3）喷射混凝土。喷射混凝土层的厚度报据设计需要确定，每次喷护厚度不宜超过5~8 cm；若需加厚，应反复多喷几次。受喷混凝土时间应视水泥品种、施工时间的气温和速凝剂掺量等因素而定。

2. 钢筋混凝土复合拱圈加固法

钢筋混凝土复合拱圈（肋）加固实腹式石拱桥技术、主要针对实腹式拱桥的主要承重构件——拱圈，适用于实腹式拱桥因拱石风化、砂浆脱落、拱圈开裂或拱圈发生不可恢复的永久性变形而导致的结构承载力不足等情况之下的拱桥加固与增强。采用增设钢筋混凝土复合拱圈（肋）技术加固后，可较大幅度地提高拱圈的强度、刚度和承载力。

该加固技术通过在原拱圈拱腹和两侧面增设一层钢筋混凝土加固层，或仅在原拱圈拱腹增设钢筋混凝土拱板形成复合拱圈。通过复合拱圈的协调变形，共同作用来承担后期荷载，达到增大拱圈刚度与强度，提高桥梁承载力的目的。

新增混凝土加固层和原石砌体结构层之所以能够形成复合主拱圈主要是由两种材料之间的黏结作用以及锚杆的锚固作用；同时，两种材料的线膨胀系数很接近，在温度升高或降低情况下两结构层能协调变形，界面层不会产生大的应变差，从而界面间由此而产生的剪应力也较小。

此外，由于混凝土的弹性模量比石砌体的弹性模量大，因而混凝土加固层能够分担更多的荷载，充分发挥了加固层材料的强度。加固之后由于钢筋混凝土附加拱圈的作用，使得原主拱圈表面裂纹变为内部裂纹。

加固层和原结构层能够协调变形、共同作用，则加固部分才能为原结构承担一部分后期荷载，进而起到加固的效果。因此，加固层和原结构层的界面连接处理和保障措施成了加固工程成败的关键。有效的连接处理措施，使得界面之间荷载的传递更加充分、顺畅，最终确保加固效果。

采用增设钢筋混凝土复合拱圈（肋）技术加固后，在原拱圈与加固层之间的界面上就能传递剪应力;剪应力由两个结构层的黏结力(混凝土、砂浆和原砌体之间的胶着力)、界面之间的摩阻力承担。因此,加固过程中对原拱圈的凿毛处理也能够增大界面层的摩阻力;锚杆的安设也能增强了加固层和原结构的连接,提高两者之间的协调变形能力。由以上分析可知,加固层和原结构能够协调变形、共同承载。

增设复合钢筋混凝土拱圈加固技术的锚杆锚固技术,是基于岩土锚固技术的锚固理论以及植筋技术中的黏结锚固机理和荷载传递理论。锚杆所起的主要作用:首先是挂设纵、横钢筋网;其次,是加强新、老结构层的黏结。锚杆从抗拔和抗剪两个方面的力学性态来增强加固层与原结构层的黏结强度,保障复合拱圈的整体性。

具体做法与上述喷固法相似,在采用以上清理和维修处理措施后,再在原拱圈下绑扎钢筋网;在正确位置搭架、支模、固定后,浇筑混凝土形成新拱圈。为加强新旧拱圈的连接强度,可在混凝土中掺加一定膨胀剂,加强养生工作。

根据实腹式拱桥的病害严重程度以及原拱圈的宽度,该加固技术分为增设钢筋混凝土拱板加固技术和增设钢筋混凝土板肋加固技术。对于原桥技术等级较高、情况较好和主拱圈宽度大于等于 9 m 的实腹式拱桥(根据实际需要),可考虑采用增设钢筋混凝土板肋加固技术。

(二)主拱上缘增大截面加固法

1. 局部增大截面加固法

绝大多数无铰拱桥主拱圈的拱脚是荷载作用下内力最大的控制截面,按照结构受力的需要,无铰拱的主拱圈本应设计为变截面形式,但施工难度较大。为了方便施工,绝大多数拱桥都是以拱脚为控制截面,采用等截面形式。因此,在荷载作用下,除拱脚外其他截面一般情况下都有不同程度的冗余。通常,在拱脚截面及其附近也是病害多发区。基于上述原因,对绝大多数空腹式拱桥,为了方便施工、减少加固费用,可以采用在主拱圈上缘局部增大主拱圈截面的加固方法,以提高原桥的承载能力。

采用该方法加固拱圈的施工要点如下:

(1)清除主拱圈拱背上面的破损部分和风化层,再凿毛、清理干净。

(2)按一定间距钻孔,植入锚固钢筋后布设纵、横向钢筋网。钢筋的直径,根据结构受力需要确定,最小直径应不小于 12 mm。

(3)浇筑混凝土,混凝土强度不得低于 C30。通常情况下可采用普通混凝土,当拉应力较大时,或大跨径拱桥应采用钢纤维混凝土浇筑,以提高承受拉应力的能力;必要时,还可在钢筋网上铺设高强钢丝网,采用钢筋、钢丝网、钢纤维复合增强混凝土(也称三钢混凝土)增强加固层的结构性能,提高拱桥加固后的承载能力。

2. 全拱加固法

如果拱桥病害严重或承载力显著不足,采用局部增大截面法已不能满足要求。为了提高结构的承载能力,在对拱圈缺陷和病害进行处治后,可以采取拆除拱上建筑,在全拱浇筑一层钢筋混凝土,以增大截面的方法进行加固补强。采用轻型梁式拱上建筑,取代实腹拱或拱式重力式腹拱,提高综合承载能力。

全拱加固法施工工艺如下:

(1)如原拱圈有开裂、损坏等病害,应对主拱圈进行修复、补强。

(2)对称、均衡和分步拆除原桥拱上建筑。需要强调的是,拆除拱上建筑时,宜从两拱脚对称向跨中进行,并保留拱顶一定范围内的填料,直到两侧拆除完毕后才最后拆除,以防止主拱"冒顶"造成主拱圈开裂甚至坍塌。

(3)在全拱浇筑钢筋混凝土加固层。浇筑混凝土时也应按照对称、均衡加载原则进行。

(4)对称、均衡砌筑拱上建筑和桥面系。

全拱加固法,需预先设计好加固卸载、加载程序,严格按照设计规定程序进行施工,施工繁琐、难度大、工程造价高,需较长时间中断交通,通常较少采用。

(三)加固计算步骤

1. 偏心受压

采用增大截面法加固偏心受压构件的主要目的是增强构件的刚度、稳定性及强度。加固偏心受压构件最合适采用增大截面法。增大截面时应主要增加偏心力方向的尺寸,以有效地增大构件抗弯刚度。同样假设截面应变分布符合平截面假定,以及不考虑混凝土的抗拉作用,通过必要的设计及施工措施,保证增大截面后,新、旧混凝土黏结可靠、变形协调一致。

钢筋混凝土矩形截面偏心受压构件,可采用在原构件截面的单侧加厚和两侧加厚的增大截面加固法。

对于加固后偏心受压构件,还应按轴心受压构件复核垂直于弯矩作用平面的承载力。此时不考虑弯矩作用,按第二阶段作用轴心受压构件计算。

2. 钢筋混凝土矩形截面偏心受压构件应力(应变)计算

采用增大截面法加固钢筋混凝土偏心受压构件正截面承载力计算,第一阶段荷载作用下,原构件截面受压较大边缘混凝土应变以及受拉边纵向钢筋应变的计算方法是以混凝土构件弹性理论为基础。

三、拱桥粘贴钢板加固方法

(一)加固原理及优点

在荷载作用下拱圈产生拉应力,如果超过其材料强度时,将导致拱圈开裂、破损,承载力削弱至拱圈坍塌。除了采用增大截面法加固的途径外,还可在拱圈的受拉区段粘贴钢板、钢筋或玻璃纤维布(玻璃钢)、碳纤维布、芳纶纤维布等高强材料,以增加拱圈的强度,提高桥梁的承载力。

粘贴钢板法,对石拱桥、钢筋混凝土拱桥等各类桥型的拱式桥梁均适用。由于钢材强度远远高于原拱圈基材的强度,而且粘贴面的大小可以根据结构受力状况全拱圈宽度粘贴亦可间隔分段粘贴。因此,该法是拱桥中较常采用的加固方法。加固设计时,加固用钢板一般设在拱圈的受拉部位;可按拱圈受拉开裂强度估算补强钢板(或钢筋)的配置数量,补强范围宜沿整个负弯矩区或正弯矩区导致截面出现拉应力的范围,并向外延伸1~2 m。粘贴用钢板的厚度,一般为5~10 mm;为便于钢板沿拱腹线成型,钢板不宜太长;可分段粘贴,每段长度1.2~1.5 m,接头处搭接钢板或锚缝。钢板在工厂按设计要求加工成型,并沿粘贴面设置一定数量的膨胀锚栓,在环氧砂浆初凝前对钢板加压和固定,保证钢板与拱圈的粘贴效果,粘贴钢板加固拱桥的施工工艺与梁桥的施工方法基本相同,可参照前述。

(二)加固计算原则

粘贴钢板加固法一般用于加固拱桥的受拉区段,其目的主要是增强其抗拉能力。拱圈为压弯构件,因受压区界限高度的不同又分为大、小偏心,粘贴钢板加固拱圈一般适用于大偏心受压构件。

(三)加固施工工艺及要点

(1)在钢板上钻灌胶孔和排气孔。

(2)表面处理要点如下:

①钢板表面除锈至发光,再做粗糙处理,纹路与受力方向垂直,之后用酒精或丙酮棉纱清洗钢表面除油。

②打磨混凝土表面除去表面风化层,找平冲洗烘干。

(3)钢板密封要点如下:

①配制密封胶,每次配胶量不宜超过 500 g,在 30 min 内用完,以免浪费。

②用密封胶密封钢板边缘及锚固螺栓。

③在灌胶孔和出气孔上安装灌胶嘴并用密封胶黏结,密封后约 2 h,即可进行下一步施工。

(4)灌胶要点如下:

①在灌胶嘴上安装塑料管,以备罐满时密封。

②配制灌注胶,每次配胶量不应超过 500 g,在 2 h 内用完,冬季时间可以长些。

③将胶液加入灌胶器中。

④将灌胶器出口与灌胶嘴相连,加压入灌胶器打开阀门灌胶。

⑤当出气孔有胶液流出时弯折塑料管,用钢丝捆扎,等待下一出气孔胶液流出。

⑥如钢板过长,下一出口很久没有胶液流出,可将灌注口密封后,在下一出气口继续灌注。

(5)注意事项主要有以下几个方面:

①粘钢灌注胶必须符合各项技术指标要求,且必须出具相应的由有资质单位所作出的胶体物理力学性质检测报告。

②灌胶平均厚度为 2 mm。

③灌胶施工时应严格按照相应的产品施工工艺要求进行。

(6)钢板焊接要求如下:

①施焊前应对所焊钢板进行检查,焊件是否平整,拼接是否密合,缝隙、坡口是否符合图纸及工艺要求,并应检查各种焊接设备是否良好,焊接材料是否符合工艺要求。焊剂和焊条在使用前均应烘干,焊剂中的脏物和焊丝上的油漆都应清除。

②焊接完毕,应仔细检查焊缝质量。焊缝质量应符合相关技术要求。

(7)钢板防腐要求:先将裸露在外面的钢板表面除锈,再用丙酮或酒精除去油污,然后在钢板表面涂刷底漆一遍,面漆一遍。

四、调整拱上建筑恒载加固方法

(一) 加固原理及设计要点

拱桥的主要承重构件（拱圈）的轴线形状，直接地影响拱圈截面内力分布。在拱桥设计中，选择拱轴线的原则是尽可能降低由于荷载产生的弯矩。最理想的拱轴线是和荷载压力线相重合，这样拱圈内只有轴力而无弯矩，以充分发挥圬工材料的抗压性能。然而，拱桥受力除恒载之外还有活载、温度变化、弹性压缩、收缩、徐变等作用，这些影响因素都会在截面上产生弯矩。因而事实上不可能获得这样的拱轴线。相对而言，拱桥恒载比重较大，一般认为拱轴线与恒载产生的压力线（不考虑弹性压缩）相重合，即为较合理的拱轴线。

调整拱上恒载加固技术，是通过调整拱上恒载的办法来调整压力线，目的在于使拱圈的压力线与拱轴线尽可能地接近以减小拱内弯矩内力。在拱桥中，恒载重量通常占有很大的比例，拱圈大部分承载力须用于承担恒载自重。如果能采取有效措施、对拱上建筑进行减载或加载调整，可以有效地改善拱圈的受力状况。对于中、小跨径的石拱桥，特别是对于实腹式圆弧拱桥，拱上填料较厚，更有条件通过调整恒载来达到改善桥梁受力状态的目的。对于大跨径石拱桥，旧危拱桥存在主拱圈开裂，拱轴线偏离设计轴线等病害，拱上恒载在桥梁承受的荷载中占有较大比例，因而可以通过调整拱上恒载，改善原主拱圈的不良受力状态。同时，对于空腹式拱上建筑的拱桥，还可充分与较为成熟的钢筋混凝土套箍加固技术相结合，较大幅度的提高原桥承载力。

当桥梁承受活载的能力较差、桥梁基础承载力受到限制不能满足加固拱圈和提高活载所增加的承载力要求时，采用减轻拱上建筑自重的方法对拱桥进行改造，可减轻主拱圈的负担；同时，也可以降低对下部构造的要求，该加固方法是一种经济有效的措施。

加固设计前，应精确测量主拱圈实际线形，使得实际拱轴线与后期理论计算用拱轴线一致，从而为后期的各项工作的开展奠定良好的基础。加固设计过程中，应对恒载调整各个阶段的全桥内力进行分析；可以采用不同容重的拱上填料，改变拱上填料厚度或者在主拱拱背上增加配重等措施，来改变实际压力线的位置。调整恒载加固时，应当注意拱中轴力减小而恒载弯矩增加造成偏心矩过大的问题，重视在施工时拱圈线形的变化，防止在施工过程之中因某些截面受力过大甚至造成桥梁在施工中的垮塌。

（二）调整拱上建筑重量的常用方法

1. 用轻型拱上建筑取代腹拱式拱上建筑

将旧桥的拱上建筑拆除后，在主拱圈上修建钢筋混凝土刚架或桁架等其他类型的轻型拱上建筑，以减少拱圈承担的恒载，留出承担活载的空间，达到了提高原桥承载能力的目的。

须指出的是，拱圈的受力性能与拱上荷载的分布（即压力线形状）及拱上建筑的联合作用有密切的联系，因而采取减轻拱上自重的措施时，必须对拱的受力状况进行详细的计算，包括改造后的运营受力状况，必要时可以考虑拱上联合作用和施工中裸拱的受力状况。以使拱圈获得最佳的受力状况，来确定减轻拱上自重的布局方案、结构类型和施工程序。必须使压力线与拱轴线尽量保持一致，并且要严格按照设计的施工程序进行拱上建筑的拆除和重建，以确保拱圈的安全和均衡受力。若旧桥的裸拱受力满足不了要求，则应首先加固拱圈，然后再拆除和新建拱上建筑。

2. 将腹孔的重力式横墙挖空或改造成钢筋混凝土立柱

无铰拱桥的拱上横墙尺寸一般都比较大，部分横墙也没有设置横桥向小拱，故自重较大。如果将腹拱的重力式横墙挖空，设置横桥向小拱或用钢筋混凝土立柱，取代重力式横墙，可在一定程度上减轻拱上建筑的自重，提高了原桥的承载能力。

3. 改变拱上填料厚度

部分拱桥特别是双曲拱桥和石拱桥通常采用较厚的拱上填料，尤其是石拱桥中的实腹式拱桥拱上填料的厚度一般都在 1.0 m 左右，甚至多达几米。对此，可降低填料厚度，以实现提高桥梁承担活载的目标。

4. 用预制的钢筋混凝土 T 梁、微弯板或空心板等轻质桥面系代替腹拱体系

通常腹拱式桥面系腹孔的上方全部采用护拱和填料填平后再浇筑桥面系，并有一定区域的实腹段，故恒载自重很大。采用轻型桥面系取代原重型桥面系，取消填料，可以较大幅度减轻恒载重量。

为提高调整恒载施工过程中的安全性，宜做好施工工序的设计，调整恒载过程中，可以采用以下次序：

（1）应对主拱圈的裂缝进行修补。

（2）从拱脚向拱顶对称拆除拱上侧墙，并挖除拱腔填料。若旧拱圈病害较严重，则应

先在桥孔下架设拱架支住拱圈后,再对拱上建筑进行施工。

（3）对卸除恒载过程中拱腹重新出现的裂缝及拱背的裂缝进行修补。

（4）对截面尺寸较小、承载能力不足的拱圈应先加同补强。

（5）重新砌筑空腹式或其他较为轻型的拱上建筑。

（6）铺设桥面铺装。

五、拱桥改变结构体系加固方法

改变结构体系法是通过改变桥梁结构体系用调整结构内力分布最终实现提高承载能力的加固方法。不同结构体系其受力性能是不尽相同的,通过改变既有结构的体系来改善其受力状况,主动改善原结构受力薄弱截面,以改善和提高桥梁承载能力。采用该方法,需要对原结构进行全面调查,对其承载潜能进行正确评价,用周密、细致和可靠的计算分析确定体系转换的方法和施工工艺流程,以达到加固、增强的目的。

（一）梁拱结合体系加固法

清除拱上建筑及实腹段范围内的填料,然后浇筑钢筋混凝土桥面板或安装预应力混凝土桥面板,并用混凝土将拱上建筑与桥面板相结合,从而加强拱上建筑刚度,使原来单一的拱式体系转化为梁拱体系,让整个体系向拱—梁组合体系转化。

（二）转换桥形加固法

1. 将箱板拱、箱肋拱等腹式拱桥转换成拱桁结合拱

拆除原拱桥上建筑,将原桥由箱板拱、箱肋拱或拱桥等腹拱式拱桥转换为拱桁结合体系,以减轻拱上建筑重量,并使拱圈主要承受全部活载及活载引起的轴力。拆除拱上建筑时,如旧桥是钢筋混凝土拱,应保留横墙脚钢筋,以便桁架结点固定到主拱圈上。如旧桥是石拱桥或横墙下无钢筋时,应加设一定数量的锚固钢筋,用于锚固桁架的腹杆。桁架腹杆以采取三角形为宜,它的下结点较少,可减少构造上的困难。

2. 将箱板拱、箱肋拱、双曲拱和石拱桥转换为刚架拱

当钢筋混凝土拱横墙底座无钢筋,或者石拱桥改造为桁架有一定困难时,可以将拱上结构改造为刚架拱。计算结果表明,刚架拱在空腹范围内主拱圈的弯矩要比上述拱式桥梁小,而且拱脚弯矩也将减少得特别多。

对双曲拱来讲,不仅改善了双曲拱自身的受力状况,同时也减轻了拱上建筑的重量,起到了卸载的作用。从另一个角度来说,加固过程中首先卸载双曲拱桥的拱上建筑,使拱

肋截面加大部分能充分参与承担拱上建筑的重量,提高了拱肋截面加大的使用效率,以及桥梁的承载能力。

但是,必须说明的是,此法加固施工时,须拆除旧桥拱上结构。所以,要特别注意使拱受力平衡,防止倒塌。在拆除过程中,必须由跨中对称地向拱脚方向进行,两侧的拆除进度基本一致,应控制在计算许可值的 2 m 范围内。

六、拱桥吊杆更换技术

自 20 世纪 70 年代国内开始兴建带有吊杆构造的拱桥,目前该类桥梁已相当普及。近年来,国内吊杆拱桥也多次发生事故,其原因很多,有使用维护不当、车祸或人为事故、环境因素等,也可能存在计算理论、设计方法上的失误。这类桥梁的检测和结构损伤诊断与防治工作得到越来越多的关注。自宜宾小南门大桥吊杆断裂垮塌事故以来,吊杆拱桥备受关注,尤其加强了对吊杆的防护以及检测力度,以便对病害严重的吊杆及时进行更换,避免此类事故的再次发生。

吊杆是中下承式拱桥十分重要的构件。由于人们对吊杆的防腐、疲劳性能等认识不足,早整年建成的一些拱桥在使用过程中吊杆出现了锈蚀、破损等一些典型的问题,严重影响了拱桥的耐久性,埋下了安全隐患。随着我国桥梁事业的发展,针对这些问题的工程实践和科学研究正在紧锣密鼓地进行,但是要彻底地解决这些问题仍然需时日。对于吊杆出现问题的拱桥,更换吊杆是解除拱桥安全隐患的有效办法。

(一)吊杆病害产生原因

1. 吊杆破损形式

(1)吊杆防护措施失效

吊杆破损的外在表现为钢丝(索)因受到腐蚀而断裂,其根本原因应归结为防护措施的失效,如吊杆护套破裂等,吊杆护套的破裂直接导致钢丝(索)与空气和水接触,引起腐蚀破坏。

(2)钢丝(索)与下锚头连接处的破损

防护措施不当就会导致下锚头的破损,从而无法保证钢丝(索)与下锚头连接处封闭、不渗漏水。

(3)短吊杆的破坏

短吊杆处于拱肋和桥道系交界附近,自由长度小,抗弯刚度相对较大,在车辆荷载和温度荷载下,短吊杆与桥道系相连节点会随桥道系产生纵向水平位移,引起吊杆倾斜,相当于给吊杆施加了不同程度的周期性剪力作用,极易造成吊杆的疲劳引起破坏。

2. 吊杆破损原因

引起吊杆损坏的原因很多,归结起来主要有设计构造、腐蚀及疲劳等方面。

（1）构造不合理

包括吊杆防护构造设计和拱桥构造设计得不合理两个方面。早期吊杆采用防护套和灌注砂浆的方法。由于吊杆受到外力反复作用,吊杆内的砂浆出现开裂,一旦空气和水渗入,容易造成吊杆内钢材锈蚀引起断裂；拱桥构造设计不合理,主要体现在桥道系布置与短吊杆方面。由于短吊杆位于拱肋与桥道系附近,在温度变化之下桥道系发生伸长或缩短,而变化量最大处恰好在短吊杆附近,具有一定抗弯刚度的短吊杆在外力作用下极易引起破坏。

（2）疲劳破坏

疲劳是造成吊杆失效的主要原因之一,中、下承式混凝土拱桥吊杆的主要受力部位为吊杆内的钢丝(索),吊杆的疲劳问题就归结为钢材的疲劳。吊杆疲劳破坏的影响因素主要有：吊杆的位置、吊杆间距、吊杆横截面积、吊杆抗弯刚度、混凝土收缩和徐变等。

（二）更换吊杆施工

吊杆更换过程,可分为安装临时吊杆、拆除原吊杆和安装新吊杆三个阶段。安装临时吊杆的主要目的是承担原吊杆的荷载。这样即使原吊杆拆除,整个结构的受力也不会发生很大的变化,保证吊杆更换期间桥梁的安全。

在原吊杆的荷载向临时吊杆转移过程中,为使临时吊杆与原有吊杆之间的荷载能够平稳转换,宜采取逐级卸载的方法。即先张拉完成每级荷载,然后切断原吊杆相应荷载比例的钢丝,切除位置宜选择在桥面附近。重复以上步骤,直到旧吊杆完全割断,从而实现了第一次等效置换。

在安装新吊杆的过程中,要将临时吊杆上的拉力转移到新吊杆上。施工方法与原吊杆拆除时的程序基本一致,不同之处只是临时吊杆的索力是用千斤顶逐级放松的。张拉之前先利用千斤顶对新吊杆进行预紧张拉,之后再张拉新吊杆。张拉步长与拆除旧吊杆时步长一致,同时放松临时吊杆,并使张拉的新吊杆力等于放松的临时吊杆力,直到临时吊杆力全部转移到新吊杆上,从而实现了第二次等效置换。

新吊杆张拉并完全调整到位后,拆除临时吊杆体系,转移到对下一对吊杆的更换。

因此,在吊杆更换过程中存在两次索力等效置换问题。要将索力控制在设计范围之内,如控制不好,会影响结构受力,影响了桥面变形,甚至导致桥面开裂。

七、拱桥其他加固方法与技术

(一)体外预应力加固方法与技术

1. 外部预应力加固法

目前,用外部预应力加固桥梁上部结构的方法多用于梁桥,对于拱圈纵向开裂或者横向开裂,以及桥台产生位移、拱顶下挠的拱式桥梁,也有用此法加固的工程实例。

在拱桥加固中采用的体外预应力加固方法,主要有钢板箍套钢筋拉杆加固法、钢筋混凝土拉杆法。通过顺桥向设置的钢筋混凝土拉杆或钢拉杆施加预应力进行加固,具体施工工艺与后张法预应力梁桥的施工方法相同。

为降低拱脚水平推力,可采用钢杆件拉紧法。为了降低拱脚的水平推力,防止拱脚位移,提高拱的承载能力,也可在拱圈根部凿开混凝土,外露钢筋后焊接拉杆铆座(或在清理混凝土表层后以环氧砂浆黏结铆座),装置拉杆螺栓(带有花篮螺丝伸缩装置的拉杆)铆固拱脚腿后施加预拉力。采用了钢拉杆的加固措施,使桥下净空大幅度降低,将会影响通航,故仅用于一般不通航河道上的桥梁。

用双银锭腰铁钳入,卡牢相邻拱石的加强拉紧法。对石砌拱桥采用锁牢整体拱圈的办法,可使相邻拱石得到加强。该法在我国古代桥梁建造中最早使用,始于隋代建造的河北赵州桥。

2. 钢板箍或钢拉杆与锚栓锚固加固法

石拱桥亦可在拱圈的跨中和1/4处加设三道(或多道,视具体情况而定)钢板箍(钢板厚可用6~8 mm)或钢拉轩,用螺栓在拱底及拱侧钻孔锚固,并注意将锚固点设在拱圈厚度的1/3处。锚固孔用环氧砂浆或膨胀水泥砂浆填塞牢固,钢拉杆以二根垂直放置的槽钢作为螺帽衬点,并兼作拉杆连接件。拉杆布置在拱腹及拱上侧墙顶面以下50~60 cm处,固定在槽钢上之后,通过扭力扳手逐步收紧螺帽,向拱圈和侧墙施加预应力,以阻止裂缝发展,对桥梁进行加固补强。

（二）调整主拱圈内力加固方法与技术

1. 调整拱轴线与压力线加固法

（1）局部调整拱轴线加固方法

拱轴线不仅决定拱圈的线形,更重要的是决定主拱圈的内力分布,同时还和经济合理性及施工安全等密切相关。理想的拱轴线,是与拱上各种荷载的压力线相重合,这时主拱截面上只有轴向压力而无弯矩及剪力、应力分布均匀,能充分利用圬工材料的良好抗压性能。因此,在加固过程中可以调整拱轴线,使拱轴线和压力线尽量相吻合,来改善拱圈的受力情况。通常的做法是从局部或者全跨加大拱圈截面,调整实际拱轴线的位置使其与压力线趋于吻合。

（2）调整拱轴线与压力线加固法

在拱桥的设计中,一般拱脚的控制弯矩是负弯矩,拱顶的控制弯矩是正弯矩。若能在拱脚产生正弯矩、在拱顶产生负弯矩,这对改善拱圈的受力是有利的。根据上述原理,可以通过调整拱轴线与压力线的相对位置改善拱圈的受力状况,达到加固补强的目的。

在空腹式拱桥中,由于腹孔部分的恒载重量是通过腹孔墩以集中力的形式作用于主拱圈上,恒载就不是分布作用了。因此,恒载压力线就不能和光滑的悬链线吻合,仅与其三铰拱的恒载压力线保持五点重合,其他截面两者存在偏离,一般在实腹段的范围内（从拱顶至 1/4 点附近）,压力线在拱轴线之上,而在空腹段的范围内,压力线则大多在拱轴线之下,拱轴线与压力线存在一个正弦波的曲线差。由于实腹段恒载决定的拱轴系数比空腹段恒载决定的要大,而用五点重合法确定拱轴线时,实际采用的拱轴系数由于要兼顾实腹与空腹两部分,故必然介于两者之间。鉴于从拱顶到 1/4 点附近恒载相对应的,其拱轴系数比实际采用的拱轴系数大,故该段的压力线应在拱轴线上,而从 1/4 点到拱脚的恒载压力线与空腹段部分的恒载相对应,其拱轴系数比实际采用的拱轴系数小,因而,该段的压线应在拱轴线之下。众所周知,压力线与拱轴线的偏离会在拱内产生附加内力。由其引起附力赘余力在拱顶产生负弯矩,而在拱脚产生弯矩,与拱顶、拱脚的控制弯矩相反,对拱顶、拱脚有利,可改善主拱的受力状况。

具体做法是:当拱脚负弯矩较大造成拱脚上缘开裂但拱顶截面尚有一定距离时,采取减薄拱上填料厚度或桥面厚度的措施以减轻恒载重量,或用轻质填料更换原重质填料,使恒载压力线上升,在全拱圈产生一定幅度的正弯矩;此时,拱脚负弯矩减小,但拱顶正弯矩增大。当拱顶正弯矩较大造成拱顶下缘开裂但拱脚截面尚有一定富余时,可采取增加桥面厚度、增大拱上恒载重量的方法,或采用重质填料更换原桥轻质填料,使恒载压力线降低,在全拱圈范围内产生一定幅度的负弯矩;此时,拱顶的正弯矩减小,但拱脚的负弯矩将增加。通过调整拱轴线与压力线的相对关系,让全拱所有截面的荷载效应都不超过其抗力,从而达到提高承载力、加固补强的目的。

综上所述,由于拱受力状况与拱轴线的变化关系很大,对主拱圈变形不大的拱式桥梁可直接按上述途径调整拱轴线与压力线;对主拱圈变形过大的拱桥,尤其是双曲拱桥,实际拱轴线往往与压力线偏差较大。这种情况下,如单独采用对主拱圈截面补强的措施,已不能有效改善主拱圈的受力状况,更需要对拱轴线和压力线进行调整,改善主拱圈的受力状况,才能真正起到加固改造的作用。

(3)双曲拱桥加固注意事项

需要特别指出的是:对于拱顶塌陷的双曲拱桥,不能随意采取加厚拱上填料或桥面厚度来进行加固。因为拱圈的受力是与拱上恒载的分布和拱轴线的形状关系密切,仅仅增加桥面厚度,特别是在拱顶区段增加厚度,不但达不到加固的目的,反而会使拱圈的受力状况进一步恶化,加剧拱顶下沉。如果需要调整拱上填料厚度或加厚桥面板时,必须对拱圈的受力

进行详细计算分析,确定合理的加固方案,千万不能盲目地增加拱上自重。如果遇到这种情况,通常是采取以下途径进行加固:①绘制拱顶、拱脚等控制截面的压力影响线。②根据影响线和拱圈的变形状况,调整拱上恒载分布。通过采用不同容重的拱上填料改变拱上填料厚度和用轻型栏杆更换石栏杆等措施,改变实际压力线的位置。③局部加大拱圈截面,调整实际拱轴线的位置使其和压力线趋于吻合。

2. 顶推加固法

(1)顶推加固工艺

建于软土地基上的拱桥,往往由于地基松软而产生水平位移和沉降,使拱轴线下沉,拱肋开裂,从而影响拱桥的正常使用。为消除拱桥产生水平位移而引起的损坏,可以采用顶推工艺使拱轴复位,调整主拱圈内力,达到加固的目的。运用顶推工艺可以在恢复断面整体性完好的前提下,恢复原桥的承载能力。它比其他现有方法更经济实用,可在不损坏原桥外貌、不缩小通航净空的情况下,完成桥梁的加固工作。

所谓"顶推工艺"就是将拱桥的一端作为顶推端,设立顶推横梁,横梁与拱肋紧紧相连,凿除拱脚与支座的联结,使支座自由。然后,安放千斤顶,利用千斤顶的推力沿拱轴线

向上、向跨中方向顶推横梁,从而拱圈移动。当顶推位移值相当于原桥已产生的位移时,停止顶推。然后,对拱脚离开拱座的空隙上灌高强快硬水泥砂浆,待砂浆硬化后,再放松千斤顶,顶推完成。

顶推过程中,因为千斤顶的合力中心在主拱轴线上,顶推端的拱脚将不存在弯矩,且主拱圈的结构图式将从无铰拱转变为单铰拱。

（2）顶推控制值的确定

顶推前需进行顶推工艺的设计计算,其主要内容有:

①顶推横系梁的设计

设计顶推横系梁的目的是要千斤顶推力完全传给主拱圈,保证拱脚部分主拱圈受力均匀。

②千斤顶的布置和数量的确定

千斤顶宜沿主断面均匀布置,尽量使横系梁或者主拱受力均匀,各千斤顶的合力中心应在主拱断面重心轴上。所需要千斤顶数量由恒截轴向力的大小确定。

（3）顶推位移值确定原则

①根据实测位移量。

②根据拱顶实测下沉值和拱顶推力影响推算。

③顶推直至桥上或缘石出现负弯矩为止。

（4）顶推施工工艺

①机具仪表设备的准备。

②人员组织配备。

③对全桥进行全面检测及资料准备。检测内容有:对于拱轴线,桥面,桥台各控制点作水准测量;丈量跨径和矢高;记录裂缝位置和宽度等。

④观测设备。做好顶推过程中观测的准备工作,事先确定出仪器安装位置,并安装上量测仪器。

⑤凿开支座与拱脚结合部。凿开支座与拱脚结合部分的目的,在于使拱脚与拱座分开并能自由移动。

⑥设置横梁,安置千斤顶。用于传递顶推力的横系梁,通常可用钢筋混凝土梁,也可用钢梁（工字钢或槽钢）。用高强螺丝将横梁沿横桥方向紧固在主拱圈上,以传递顶推力。

⑦试顶。在上述准备工作就绪后,即可开始试顶。通过试顶可熟悉操作过程并检查千斤顶、油路管道、仪表等是否正常,否则必须进行调整。

⑧顶推施工。正式顶推时须封闭桥上交通,以确保安全。非顶推端拱脚上部的桥面伸缩缝必须清理。根据预顶时的主拱应变增大速度,按预估的顶推量实行分级顶推。每顶一级检查一次,内容是千斤顶行程是否同步或漏油,同一断面上的上、下游应变是否相等,桥上是否有新的裂缝出现等,发现有意外情况就应停止顶推,待分析原因后再确定是否继续顶推。当顶推到预定顶推值时,更加应注意对各部位进行检查。

⑨浇灌快硬水泥砂浆或灌注环氧砂浆。顶推到预定顶推量或发生异常现象,需停止顶推工作时,在顶出的空隙内应立即填灌快硬水泥砂浆或灌注环氧砂浆,并做好砂浆试块。

⑩顶推结束。在上述工作全部完成后,顶推工作即告结束,此时卸除设备、拆下支架,顶推完成。

(三)钢筋混凝土套箍封闭拱肋加固技术

钢筋混凝土套箍封闭拱肋加固技术,在原拱脚外层环状封闭钢筋混凝土层进行加固。该加固方法沿拱脚增设一层钢筋混凝土套箍层,利用新增设钢筋混凝土套箍层与原拱肋的共同协调变形、承担活载,达到提高桥梁承载力、防水蚀及抗风化的目的。

钢筋混凝土套箍封闭拱肋加固技术的优点是:①可以不中断交通。②利用片工材料在三向受压情况下其抗压强度将提高的原理,采用钢筋混凝土套箍环状加固桥梁。③钢筋混凝土套箍层采用现浇施工,可达到较高的混凝土强度,能克服喷射混凝土强度低的劣势。

1. 受力特性

钢筋混凝土套箍加固拱肋技术,主要应用于肋拱桥拱脚区段的加固,其计算理论与增大截面法加固相近,最主要的区别在于钢筋混凝土套箍加固拱脚较纯粹的增大截面法加固在"套箍效应"方面有明显优势。

增设钢筋混凝土套箍层后,原拱肋混凝土处于三向受力状态。因为侧压限制,使得混凝土内部裂缝的产生和传播发展受到阻碍;荷载作用下拱肋稳定裂缝传播扩展的开始,会因侧压限制而分别被延缓和推迟,使原拱肋强度得到提高,这就是钢筋混凝土套箍加固拱肋技术的"套箍效应由于钢筋混凝土套箍产生"套箍效应",让原拱脚在三相受压状态下强度提高,因此加固后桥梁的极限承载力有一定幅度的提高。

2. 构造要求及施工工艺

(1)构造设计

①锚杆

采用钢筋混凝土套箍加固拱肋,其锚杆构造可以参照钢筋混凝土复合主拱圈加固实腹式石拱桥技术选用。

②钢筋混凝土套箍加固层

尺寸:钢筋混凝土套箍加固层的设计尺寸应按照计算确定。一般而言,在满足强度前提下,尺寸越小越经济,且恒载负面影响效应越小,但过小的尺寸容易导致混凝土表面的龟裂。

套箍层钢筋及间距:套箍层钢筋应结合整个套箍层的尺寸计算分析确定。一般而言,纵向主筋,直径取 16~28mm,主筋间距取 15~25cm;横向钢筋,直径取 14~25mm,钢筋间距取 20~30cm。

混凝土强度等级:套箍加固层混凝土强度等级应大于 C25,而拱顶段混凝土强度等级应大于 C30。

截面形式:钢筋混凝土套箍层的截面可沿拱肋等截面设计,也可根据加固受力计算结果,采用变截面形式。一般而言,为施工过程中架模方便,可沿拱脚等截面设计。

(2)施工工艺

①安设砂浆锚杆

施工工序:放样并作标志-钻孔-高压水流清孔-安设砂浆锚杆-检查密实度。

砂浆的标号和稠度:砂浆应具有足够的标号,以满足锚固锚杆的要求;同时还应具有合适的稠度。如砂浆太稠,则锚杆不易和原主拱圈黏合在一起;如砂浆太稀,则锚固孔内砂浆容易溢漏且标号不易达到,砂浆稠度可根据实际通过现场情况确定。

②主拱圈表面凿毛

主拱圈凿毛应使之表面粗糙,来达到增强与套箍层黏结的目的。

③布设纵环向钢筋

纵向、环向钢筋的布设对钢筋混凝土套箍层整体刚度具有重要的影响,其具体工艺要求如下:纵向钢筋、环向钢筋与锚杆交接处一律采用点焊,而其余纵、环向钢筋交接处均作绑扎处理。纵向钢筋在主拱圈拱座、拱上横上应通过高标号砂浆锚入与工砌体。钢筋的接长、绑扎、焊接均应满足规范要求。

④现浇混凝土套箍层

现浇混凝土套箍层是钢筋混凝土套箍加固拱桥的核心工作,有关工艺要求如下:

混凝土浇筑顺序:套箍层混凝土浇筑采用从两拱脚往拱顶方向对称施工的方式。浇筑分单元段进行,单元段长度的划分应考虑施工队伍材料准备情况、工期要求、外加剂掺量、脱模时间等因素,由现场结果确定。在一个单元段之内,浇筑混凝土顺序为:主拱肋腹面 – 拱肋两侧面 f 拱背。

浇筑方法:拱肋两侧及拱背混凝土的现浇相对较简单,在此不再赘述。在此仅介绍施工难度相对较大的拱腹混凝土浇筑方法。

钢筋混凝土套箍加固拱肋,一般加固拱脚部位,主要利用主拱圈纵向弧度、依靠现浇混凝土的自重从拱脚往拱顶方向逐段施工。

外加剂的应用:由于旧桥加固工期要求短,后期施工需前期施工结构尽快达到强度以便参与受力,故现浇混凝土可以根据现场条件及施工需要在满足规范和其他各项要求的前提下掺入适量的早强剂、膨胀剂、减水剂,以利于加固工程快速、安全及顺利地进行。

(四)增设横系梁加固技术

增设横系梁能够加强拱肋之间的横向联系和整体性,提高拱肋间的横向刚度,使其整体受力性能得以提高,避免在偏、重荷载作用下单肋承受过大应力而发生过大的变形。

横系梁设置的位置应该符合肋拱桥的受力特点,从两个方面改善肋拱桥的活载横向分布系数。

(1)增设拱肋间横系梁

①可采取加大横系梁的截面尺寸,增加了原有横系梁的配筋,提高横系梁的强度和刚度。这种加固方式可以提高横系梁位置的截面刚度,改善拱肋的荷载分布情况,但对于拱肋其他的薄弱部位的改善情况效果一般。

②可在拱肋的横向分布薄弱位置增设新横系梁。增设新横系梁可以改善拱肋的受力分布,但合理的新增横系梁位置及构造形式对拱肋受力的影响十分大,一旦加固不合理,就可能加剧原有结构的破坏。

(2)增设横向联系拉杆

增设横向联系拉杆可以减小原有横系梁所承担的荷载。当横系梁结构偏弱时,特别是当横系梁出现环向裂缝时,这说明横系梁的抗拉能力不足。在这种情况下,增设横向联系拉杆可以改善原有横向联系的拉应力,限制拱肋在横向的水平位移,提高拱肋的横向稳定性。

(3)增设立柱、纵梁间横系梁,加强横向整体性

采用补充设置斜撑的方法,钢筋混凝土斜撑构件做成"X"形刚性交接构造,各个端部以钢筋植入立柱再浇筑混凝土,使斜撑与立柱构成整体,上下路幅之间增设横系梁将两幅的立柱连接成整体。设置斜撑增加了立柱的稳定性,与增设的横系梁一道共同提高拱上立柱的整体性,使得从上部结构传来的荷载能更合理地传递到各拱肋上。

第三节 桥梁下部结构加固

一、概述

桥梁的承载能力是否满足正常营运的需求,不但与上部结构有关,也与桥梁重要组成部分的下部结构有关。墩台和基础直接承受上部结构的作用(包括恒载和活载)并传递给地基。下部结构的状况,也直接影响桥梁的承载能力和正常使用。部分桥梁承载能力的降低和主要病害的产生,就是由于下部结构的病害引起的。因此,在桥梁加固改造工作中,下部结构的加固改造应该引起高度重视。

(一)下部结构加固的前提条件

桥梁下部结构尤其是基础部分,是隐蔽工程且多数处于水下或者地下,所以难以直接观察和判断。因此,对于桥梁的下部构造的加固改造,无论是加固前的检测与病害原因分析、判断,还是具体的加固设计与加固方法选择,相对于上部构造的加固改造来说难度都可能更大。在针对具体的桥梁下部结构实施加固改造前,首先应在对现场检测资料分析与判断的基础上,确定下部构造是否具有加固改造的价值,然后从加固技术和施工工艺上分析能否实现加固改造的目的。下部结构具备加固改造价值,同时又能实施加固改造施工,是下部结构加固改造的前提,否则,不管是从技术与安全上、还是经济上,都应考虑拆除桥梁、重建新桥的方案。

对于跨河桥梁,应检查基础的被冲刷情况,分析其对桥梁稳定性的影响;考虑基础的埋置深度是否满足要求,还应考虑久经压实的桥梁地基土允许承载力的提高,以及桩底和周边土支承力受摩擦力的提高系数;应分别对墩、台及基础各部位进行强度、稳定性及裂

缝宽度验算,并在充分考虑已发现的病害基础上评定其使用功能及承载力。对于技术状况特别差、难以加固改造的墩、台及基础结构,或者加固改造的施工工艺复杂、把握性不大的工程,应慎重考虑加固利用的决策。

(二)下部结构的加固方法

桥梁下部结构主要由桥墩、桥台和基础组成。其加固可分为墩台加固和基础加固两个方面。公路桥梁下部结构的各种加固方法的计算、设计和施工要点均与上述章节所述相似。其主要的加固方法简述如下。

(1)盖梁加固方法:施加体外预应力加固,增大截面加固,粘贴钢板或纤维复合材料加固等。

(2)桥墩加固方法:钢筋混凝土套箍加固,粘贴(钢板、碳纤维等)加固,加试(柱)加固。

(3)桥台加固方法:台后加孔减载加固,台后增设拉杆、撑墙或者挡土墙加固,钢筋混凝土围墙或钢箍加固。

(4)基础加固方法:扩大基础加固,增补桩基加固,水泥灌浆加固,钢筋混凝土套箍加固。

(5)地基加固方法:换土垫层法加固,水泥搅拌桩加固,振冲碎石桩加固,砂石桩灰土挤密桩加固,强夯法加固等。

(三)下部结构的加固设计

(1)增大基础加固计算应考虑两阶段受力,基底面积应该根据现行规范的规定由地基强度验算确定。

(2)增补桩基加固计算应考虑两阶段受力和新、旧桩基支撑条件、桩径等方面的差异。增补桩基数量及群桩基础沉降计算,应该根据现行规范规定进行。

(3)基础冲刷加固。

①基础的冲刷深度应取现有河床断面计算最大冲刷深度。

②拦沙坝顶、底面高程应按实际冲刷深度计算。

③桩基承载能力验算应考虑冲刷深度变化的影响。采用抛石防护的桩基,其承载力应计入抛石的负摩阻力。

(4)对未设置防撞设施,可能被撞击的桥梁,应进行防撞验算或专题研究。

(5)下部结构加固后,应对全桥进行整体验算。

(6)当地基强度满足要求而缺陷仅仅表现为不均匀沉降、变形过大时,采用扩大基础底面积的加固方法,主要由地基变形计算加以选定。当基础底部扩大部分的地基承载力不足时,可采取在扩大部分基础下增加一定数量的桩,来提高地基承载力;桩的数量根据地基变形计算来加以选定。

(7)增补桩基一般与原桩基的直径、长度不同,在同一基础下,可能存在两种以上的形式。由于单桩承担的荷载与该桩的材料性能、桩身的规格尺寸及桩的入土情况等因素有关,而这些因素又综合反映在单桩设计承载力上,因此按单桩设计承载力来分配沉降计算荷载是较合理的。

(四)下部结构的加固要求

下部结构加固前应先处理裂缝、缺陷等病害。当采用预应力加固盖梁、柱、薄壁墩台、空心墩等钢筋混凝土构件时,原构件混凝土强度等级不宜低于C25;采用其他方法对其进行加固时,原构件混凝土强度等级不宜低于C15;当桥下净空不足、影响桥梁的安全使用时,可降低被交路路面高程、加高墩台或者调整支座垫石厚度。

(1)用钢筋混凝土套箍加固桥梁下部结构时,应满足以下要求:

①钢筋混凝土墩台出现环向裂缝时,沿裂缝布置一道套箍,套箍高度不小于1.5 m,厚度为250~400 mm。

②钢筋混凝土墩台竖向裂缝可以用数个套箍加固,每隔一定高度设置一道,其宽度视裂缝分布和宽度而定,其厚度采用100~200 mm。

③被加固墩台为圬工结构时,套箍宜与注浆锚杆共同使用,锚杆间距根据墩台结构尺寸确定,一般为1.5~2.0 m。外露锚具应进行防腐处理。

④套箍混凝土强度等级不低于C25,配筋率不小于0.4%。

⑤套箍钢筋应与原结构可靠连接。当采用植筋技术时,桥梁主要构件的混凝土强度等级不得低于C25,其他构件混凝土强度等级不低于C20;桥梁受力植筋用胶黏剂应采用A级胶,仅按构造要求植筋时可采用B级胶;采用植筋锚固的桥梁结构,其长期使用的环境温度不应高于60℃;对处于特殊环境(如高温、高湿、介质腐蚀等)的桥梁结构进行植筋时,除应按国家现行有关标准的规定采取相应的防护措施外,尚应该采用耐环境因素作用的胶黏剂。

(2)用支撑梁法加固扩大基础的桥台时,钢筋混凝土支撑梁顶面高程不得高于计算冲刷线。

（3）采用扩大墩台基础加固桥梁下部结构时,若其抗剪承载力不足,应采取增加承台厚度、在重力式桥台两侧加设钢筋混凝土侧墙等措施,有条件时可以在台前新基础下增加短桩。

（4）采用增补桩基加固桥梁下部结构时,新增桩的构造、布置、间距等应考虑对既有基础的影响。新增桩与旧桩的间距可适当减小。

（5）采用基础冲刷加固桥梁下部结构时,应满足以下要求:

①浆砌片石铺砌范围:桥墩上游6~8 m,桥墩下游8~12 m。

②扩大基础(或承台)底掏空宜采用抛石、铅丝笼等措施防护,其加固高度要达到基础底面以上1.0 m,坡度不大于1∶1。

（6）采用加桩加固桥梁下部结构时,可以扩大原来承台尺寸或在原有承台上再加一层新承台,把上部传来的荷载通过新承台传递到新桩。为使上部荷载由墩身很好地传递给新建承台,可在新建承台与既有承台接触范围内,将原承台凿成锯齿状剪力键,设置钎钉;也可采用植筋法连接新老承台,即通过植入的钢筋承接与传导弯矩及剪力,并使新旧混凝土形成有机整体,来达到扩大原承台尺寸的目的。

二、盖梁加固方法

盖梁可采用施加体外预应力、增大截面、粘贴钢板或纤维复合材料等方法加固。

从结构的安全性、耐久性为基本考虑点,以不改变现阶段结构的受力情况为出发点,并结合工程经济性、施工操作难度、加固时间等因素,经过综合比较,确定盖梁加固方案。

三、墩柱加固方法

桥墩的加固可采用的方法有围带加固法、钢筋混凝土套箍加固法、桥墩损坏水下修补加固法等。

(一) 围带加固法

墩身发生纵向贯通裂缝,可用钢筋混凝土或钢箍进行加固。如果因基础不均匀下沉引起自下而上的裂缝,则应先加固基础,后再采用灌缝或加箍的方法对其进行加固。

(二) 钢筋混凝土套箍加固法

墩台损坏严重(如大面积裂缝、破损、风化、剥落)时或是粗石圬工及砌石圬工的墩台,一般可用钢筋混凝土"箍套"加固,其尺寸应能满足通过箍套传递所有荷载或大部分荷载的需要。同时,改造墩台顶部,浇筑支承于箍套上新的、强大的钢筋混凝土板代替旧的支承垫石,以使箍套与原结构共同工作。

(三)桥墩损坏水下修补加固法

砖石或钢筋混凝土墩台表层出现缺陷,并且墩台身处于常水位下时,可分别根据不同情况采用不同的加固方法。

(1)水深在3 m以下时,可筑草袋围堰,然后将水抽干,当水难以抽干时,则可浇水下混凝土封底后再抽,抽水后以砌石或混凝土填补冲空部位。

(2)此种情况的修补,也可不抽水而将钢筋混凝土薄壁套箱围堰下沉到损坏处附近河底,在套箱与桥墩间浇筑水下混凝土以包裹损坏或者冲空部位。水深在3 m以上时,以麻袋装干硬性混凝土,通过潜水作业将袋装混凝土分层填塞冲空部位,并且应注意要比原基础宽出 0.2~0.4 m。

四、桥台加固方法

(一)支撑法加固

对因墩台尺寸不足,难以承受台背土压力而往桥孔方向产生倾斜或滑移的埋置式桥台,可采用修筑撑壁法进行加固。

对于单孔小跨径桥台,为防止桥台滑移,可在两台之间加建水平支撑,如整跨浆砌片石撑板,或用钢筋混凝土支撑梁进行加固。

(二)增建辅助挡土墙法加固

对于因桥台台背水平土压力太大而引起的桥台倾斜,应设法减小桥台后壁的土压力,可在台背加建一挡土墙,以增强挡土能力。

(三)减轻荷载法加固

筑于软土地基上的桥台,常由于填土较高而受到较大侧向土压力作用,从而使桥台产生前移,以致发生倾斜。此时,通常可更换台背填土,减小土压力,即采用减轻桥台基础所受荷载的方法进行加固。

(四)加柱(桩)法加固

竖向承载力不足时可采用此法。一般可在台前增加一排桩,并浇筑盖梁,以分担上部结构传来的力。打桩或钻孔桩时可利用原桥面作脚手架,在桥面开洞、插桩。盖梁可单独受力,也可连接旧盖梁、旧桩共同受力。

(五)增厚台身法加固

梁式桥台背土压力过大,台身强度不足,桥台向桥孔方向位移时采用此法。可挖去台背填土,加厚台身(桥台胸墙),施工之时注意新旧混凝土结合牢固。

(六)更换台后填土并加便梁法加固

为减轻桥后水平压力,需用具有大的内摩擦角的大颗粒土壤或干砌片石、砖石等更换桥台后面填土,同时在台后新增架设便梁。

五、基础加固方法

(一)桥梁基础存在的问题

桥梁基础分为浅基础和深基础两种。浅基础可以分为刚性扩大基础、单独和联合基础、条形基础、筏板和箱形基础。深基础可分为桩基础、沉井基础、混合基础等。

1. 基础沉降和不均匀沉降

对于深基础都是采用嵌岩或埋入地下较深层,则它所表现的沉降或位移在施工中逐级表现,并且在以后使用 1~2 年内达到稳定。除非特殊的外界力(如地震、滑坡等)的作用,一般它们的强度、变形和稳定性都能达到工程要求,浅基础由于埋设浅、结构简单、施工方便、造价较低,是建筑物最为常见的基础形式。

在地基压密或软土地基上的桥梁,往往出现沉降特别是不均匀沉降,对桥梁结构产生极大的危害,应加以观测、分析并做好防范工作。

2. 基础滑移和倾斜

(1)基础由于经常受到洪水冲刷而发生滑移,通常与洪水冲刷深度有密切关系。因此,处理基础滑移的关键问题在于如何确定洪水冲刷深度。

(2)河床在种种因素影响下,造成了桥台前临河面地基土层的侧向压力减小,使基础产生侧向滑移。

(3)桥台基础的地基强度弱化、台背高填方路堤,如果处理不当会造成主动土压力过大使桥台前倾或者上体下沉,使桥台台座前移或台顶后仰,导致基础移动、桥台倾斜。

(4)沉井和桩的抗滑移性能较好,但也有滑移和倾斜的可能。

3. 基础底面压力分布异常

刚性基础的底面压力分布与荷载、基础深度、地基刚度分布等有关,基面压力分布不当,将引起基础开裂等病害。

(二)桥梁基础加固方法

墩台基础加固的常用方法有扩大基础加固法、增补桩基(打入桩或钻孔灌注桩)加固法和人工地基(改良地基)加固法等。

1. 扩大基础加固法

扩大桥梁基础底面积的加固方法,称为扩大基础加固法。此法适用于基础承载力不足,或埋置太浅,而墩台又是砖石或混凝土刚性实体式基础的情况。扩大基础底面积应由地基强度验算确定。当地基强度满足要求而缺陷仅仅表现为不均匀沉降变形过大时,是否采用扩大基础面积的方法进行加固,主要由地基变形计算来加以选定。在刚性实体式基础周围加石砌圬工或混凝土,来扩大基础的承载面积。

扩大基础加固法可按下列顺序进行:

(1)通常在必须加宽的范围内先打板桩围堰,如果墩台基底土壤不好时,应做必要的加固。

(2)挖去堰内土壤至必要的深度,以保证墩台的安全。

(3)在堰内把水抽干后铺砌石块(浆砌),或做混凝土基础。

(4)新旧基础要注意牢固结合,施工时可加设连接(锚固)钢筋或插以钢销,以使加固扩大基础和旧基础牢固地结合成一整体。

(5)立模,浇筑混凝土并养生。对于拱桥,可在桥台两侧加设钢筋混凝土实体耳墙,并将耳墙与原桥台用钢销连接起来,从而达到增大桥台基础面积,提高桥台承载力的目的。加固后耳墙与原桥台连接在一起,因此,既增加了竖向承压面积,又由于耳墙的自重而增加了抗水平推力的摩阻力。

当拱脚前有一定的填土时,可在台前加建新的扩大基础,并可以将改建为变截面的拱肋支承到新基础上,新老基础之间用钢销进行连接,有条件新增基础时在台前新基础下增加短桩,来提高桥台的承载力。

2. 增补桩基加固法

在桩式基础的周围,补加钻孔桩或打入钢筋混凝土预制桩并扩大原承台,以此提高基础承载力、增加基础稳定性,这种加固法称为增补桩基加固法。增补桩基加固法有多种,可在桩基础的周围补加钻孔桩,也可以打入预制桩或静压加桩,并扩大原承台,以此提高基础承载力、增加基础稳定性。

通过增设基板(钻孔桩或打入桩)、扩大原承台,墩台部分荷载传至新桩基上。

对单排架桩式桥墩,采用打桩(或灌注桩)加固时,若原有桩距较大(4~5倍桩径),可在桩间插桩;若原有桩距较小且通航净跨允许缩小时,可在原排架两侧增加桩数,成为三排式的墩柱。当在桩间加桩时,需凿除原盖梁并浇筑新盖梁,将新旧桩顶连接成一体。此时,要注意验算盖梁在加桩顶部能否承受与原来方向相反的弯矩,如不能承受,则必须加固原有盖梁或重新浇筑盖梁。加固原有盖梁时,可在盖梁顶部增设钢筋。

当桥台垂直承载力不足时,一般可以在台前增加一排桩并浇筑盖梁,以分担上部结构传来的压力。打桩(或钻孔桩)时可利用原有桥面脚手架,在桥面上开洞插桩。增浇的盖梁可单独受力,也可与旧盖梁连接在一起,使旧盖梁、旧桩及新桩一起受力。

对于多跨拱桥,为预防因其中某一跨遭到破坏使整体失去平衡而引起其他拱跨的连锁破坏,可根据情况,对每隔若干拱跨中的一个支墩采取加固措施。其方法是在支墩两侧加斜向支撑,或加大该墩截面,使得一跨遭到破坏时,只影响若干拱跨而不致全部毁坏。由于受桥下净空影响,拱桥桥墩的加桩可采用静压加桩方法。

增补桩基加固墩台基础的优点,是不需要抽水筑坝等水下施工作业,且加固效果显著。该方法的缺点,是需搭设打桩架(或钻孔架)及开凿桥面,对于桥头原有架空线路及陆上、水上交通均有一定影响。

六、地基加固方法

(一) 概述

桥梁结构是通过桥梁基础与地基共同作用来承担桥梁结构的上部荷载。当桥梁结构地基的承载力不足或沉降过大不能满足要求时需要进行地基加固处理。地基加固技术从其原理来说可以分为两种:一种是提高土体的密度;另一种是用其他材料来代替软弱土,或掺和其他材料打入到土体中。

提高土的密度是地基加固最古老的一种方法,有时也是最经济有效的一种方法。当压密土体不能达到预期的加固效果时,用其他材料代替软弱土(如换上垫层法、石灰桩、水泥搅拌桩等)就是必要的手段。

(二）常规地基的处理方法

1. 换土垫层法

此方法主要作用是提高地基承载能力，减少桥梁上部结构的不均匀沉降，适用于浅层软弱地基及不均匀地基的处理。

2. 水泥搅拌桩法

此方法主要适用于处理淤泥，淤泥质土、粉土、砂性土、泥炭土等各种成因的饱和软黏土，含水率较高且地基承载力标准值不超过 120 kPa 的黏性土地基，其可以最大限度地利用原状土的承载力。水泥搅拌桩可以形成防渗帷幕，并且具有施工工期短、无公害、成本低等优点。

3. 振冲碎石桩法

此法适用于处理砂土、粉土、粉质黏土、素填土和杂填土地基。其桩体与原来的软土组成一个整体，共同承受外部荷载。采用碎石桩加固地基可以提高地基承载力，减小地基沉降。因为碎石桩本身的抗剪强度大于软土的抗剪强度，同时软土与碎石桩合成的混合体，其抗剪强度增大，从而使地基整体的抗剪性能得到很大的提高。另外，由于碎石桩的透水性较好，因此地基的排水性能得到很大改善，为加速软土地基固结、减小桥梁地基工程沉降提供重要的条件。

4. 砂石桩法

此法主要适用于砂土及素填土、杂填土地基，是利用桩的挤密作用及在施工中的振动作用，使桩周围土的密度增大，从而使地基的承载能力提高、压缩性降低。砂石桩，在松散砂土和粉土地基中的作用可以概括为挤密作用、振密作用、抗液化作用；在黏性土地基中的作用可以概括为置换作用、排水作用。

当软弱地基层较厚时，可用砂桩法改善地基的承载能力。施工之时，将钢管或木桩打入基础周围的软弱土层中，然后将桩或管拔出，在形成的洞内灌入干燥的粗砂、砾砂，然后捣实，形成砂桩，达到提高地基土密实度的目的。在含水饱和的砂土或粉砂土中，由于易坍孔，灌砂困难，可以采用砂袋套管法与振冲法来加固地基。

5. 灰土挤密桩法

此法适用于处于地下水位以上的湿陷性黄土、素填土和杂填土等地基，可处理地基深度达 5 m 以上。灰土挤密桩主要适用于消除大厚度黄土地基的自重湿陷性，可以利用成孔侧向挤密,回填重锤夯实,使处理深度大大提高。当地基土的含水率大于24%,饱和度大于65%时,不宜采用这种方法。

6. 强夯法

此法适用于处理碎石土、砂土、低饱和度的粉土与黏性土、湿陷性黄土、杂填土和素填土等地基。强夯法加固地基后可以提高地基承载力达4倍以上,其加固影响深度可以达10 m,可以消除地基土的液化与黄土的湿陷性。

7. 注浆加固法(化学方法)

在墩台基础之下,于墩台中心直向或斜向钻孔或者打入管桩,通过孔眼及管孔,用一定压力把各种浆液(加固剂)灌入土层中,通过浆液凝固,把原来松散的土固结为有一定强度和防渗性能的整体,或把岩石裂缝堵塞起来,从而达到加固地基、提高地基承载力的目的。

(1)不同情况下,注浆加固的作用包括:①填充圬工砌体内的空隙,使其形成整体,从而提高砌体强度。②填充土壤或岩石的空洞和裂缝,从而堵塞土壤或岩石的渗流孔道,提高其承压能力,减少渗流冲刷可能性。若空洞大,应使用水泥砂浆;若为裂缝,应使用水泥浆。③填充砂子和砾石的孔隙,提高其承压能力。④挤密较软弱的土层,形成复合地基,使地基承载能力得到提高。

(2)注浆加固法根据注浆压力的不同,可分为静压注浆与高压喷射注浆两种。

(3)注浆加固时,各种浆液材料的选择应遵循以下原则:①浆液应是真溶液而不是悬浊液,浆液黏度低,流动性好,能进入细小裂缝。②浆液凝胶时间可在大范围内随意调节,易准确控制,浆液凝胶可在瞬间完成。③浆液的稳定性好,在常温常压下,长期存放不改变性质,不发生任何化学反应。④浆液无毒无嗅,对环境不污染,对人体无害,属非易爆物品。⑤浆液对注浆设备、管路、混凝土结构物、橡胶制品无腐蚀,并容易被清洗干净。⑥浆液同化时无收缩现象,固化后与岩石、混凝土等有一定黏结性。⑦浆液结石体有一定抗压和抗拉强度,不龟裂,抗渗性能和防冲刷性能好。⑧浆液结石体耐老化性能好,能长期耐酸、碱、盐、生物细菌等腐蚀且不受到温度、湿度影响。⑨材料来源丰富,价格低廉;浆液配制方便,操作容易。

(4)加固墩台基础,所采用的方法和注浆材料一般因地质情况不同而异。

七、支座更换方法

（一）支座的更换方法

桥梁支座是连接桥梁上部结构和下部结构的重要构件，一旦出现病害将影响到上下部结构的使用寿命和交通安全。目前，很多新建的公路桥梁选用橡胶支座，特别是对于高速公路。桥梁橡胶支座的用量大，其病害多时有发生。因此，桥梁支座特别是橡胶支座的更换问题，是桥梁加固的一项重要内容。

支座更换的方法常见的有下列几种。

1. 枕木满布式支架法

（1）工作原理：在地面上设置枕木，以枕木为基础，设置满布式或部分木支架至桥梁梁体处，在支架上安置千斤顶顶升梁体。

（2）优点：架设设备比较简单，施工方法简单易于操作，对小跨度的梁桥，用支架法施工具有一定优势。

（3）缺点：支架法施工工期长，支架和模板用钢材、木材量大，成本高，不适宜桥墩过高的场合。

2. 桥面钢导梁法

（1）工作原理：支撑位置在桥面上，支撑面为顶升梁相邻跨的梁体；在顶升梁上绑扎钢带，安置钢梁，以相邻跨梁体为支撑基础，配合顶升设备，抬升梁体。

（2）优点：对桥下场所无要求，适用于多种桥梁类型，整个起梁过程都在桥上进行，不影响桥下通航、通车要求。

（3）缺点：钢梁长度有限制，跨径不可过大，要求用较大吨位千斤顶，对桥面局部压力较大，有可能损伤梁体。

3. 端部整体顶升法

（1）工作原理：以地面为支撑，在墩台两侧建立顶升基础，之后用贝雷梁、槽钢、螺栓连接成受力钢梁（也可用钢管墩作为传力构件），受力钢梁上架千斤顶，在梁两端同步整体顶升。

（2）优点：对桥下通车影响不大，可自由通行，能满足桥下不中断交通的要求；与采用少数大吨位的千斤顶相比较，无须为应力集中设置过大的传力杆及横梁。

（3）缺点：对桥跨下的地基基础要求较高，需建顶升基础，工序时间长，工期较长。

4. 鞍形支架法

（1）工作原理：用桥墩本身做支撑在盖梁上搭设支架，设计成"鞍形支架"，放置千斤顶来顶升梁体。

（2）优点：施工方便，该方法不受河床地质、桥下水深和桥梁高度的限制。

（3）缺点：顶升过程中盖梁会发生偏心受压现象及局部承压过高的现象以及支架变形过大的现象，顶升前须进行严格的验算。

5. 钢扁担梁法

（1）工作原理：支撑位置在桥面上，支撑面为顶升梁相邻跨的梁体，在顶升梁上打孔，绑扎钢带，安置钢扁担梁，以相邻跨梁体为支撑基础，配合顶升设备抬升梁体。

（2）优点：对桥下场所无要求，适用于多种桥梁类型；整个起梁过程都在桥上进行，不影响桥下通航、通车要求。

（3）缺点：钢扁担梁结构设计较为复杂，需进行专门计算；要求用大吨位千斤顶，对桥面局部压力较大，有可能损伤梁体。

6. 扁形千斤顶法

（1）工作原理：把超薄的液压千斤顶安放在主梁与盖梁的狭小的空间内，直接顶梁体。

（2）优点：机具设备很少，成本低廉工序简单，施工快速，中断交通时间很短；对桥下场所无要求，适用于多种桥梁类型。

（3）缺点：由于扁形千斤顶的特殊构造，导致其行程较短，或许需要多次顶升才能到位。上述这六种桥梁支座更换方法各自有不同的优缺点，适应不同的环境，更换方法上各有长处。

现针对高墩简支转连续梁桥提出三种新的支座更换方法：钢蝴蝶梁法、钢套箍法及气囊顶升法。

1. 钢蝴蝶梁法

（1）工作原理：支撑位置在盖梁上，通过液压千斤顶顶升蝴蝶梁的翅梁来提升梁体。

（2）优点：充分利用盖梁这个平台，施工方便，无大型机具设备；对环境的适应能力很强、不受河床地质、桥下水深和桥梁高度的限制。

（3）缺点：要求盖梁较为宽大能安放液压千斤顶，且千斤顶数量较多。

2. 钢套箍法

（1）工作原理：通过圆箍与桥墩混凝土之间的摩擦力提供竖向支撑，放置液压千斤顶顶升梁体。

（2）优点：充分利用桥梁本身的结构，可通过增长钢套箍的长度提高其承载能力；环境的适应能力很强，不受河床地质、桥下水深和桥梁高度的限制。

（3）缺点：要求盖梁较为宽大能安放液压千斤顶，且千斤顶数量较多。

3. 气囊顶升法

（1）工作原理：用集群气囊替换液压千斤顶，上述所有支座更换方法只要用气囊取代千斤顶都可以称之为气动顶升法。

（2）工作特点：起重量不受限制，通过气动提升系统的扩展组合，能满足百吨级甚至千吨级桥梁构件的顶升；同步控制，安全受控可操作性好，气动提升系统体积大，重量轻；顶升过程平稳，无附加冲击荷载；对顶升的基础要求低，特别适合临时预制构件的工程；有利于保护桥梁构件，采用分布荷载，避免液压起重的集中荷载。

（二）梁体顶升方法

1. 施工特点

（1）整个施工过程中在不中断交通的情况下进行，对道路通行没有任何影响。

（2）现场支座情况比较复杂，受限制条件多，根据现场情况拟定多种更换方案。

（3）盆式支座，顶升力吨位大，自重大，现场空间小，拆除与安装新支座难度大。

（4）施工过程中的顶升力和位移控制要求高，为了确保结构安全，更换过程都是在顶升高度 5 mm 的情况下进行。

2. 施工流程

梁体顶升方法施工过程为：搭设施工平台—千斤顶安装及布置临时支撑—整体顶升及支座更换—安装新支座及临时支撑卸除—梁复位、保护罩安装。

参 考 文 献

[1] 王国福,赵永刚.道路与桥梁工程[M].长春:吉林科学技术出版社,2020.

[2] 江斗,刘成.道路桥梁和工程建设[M].北京:中国石化出版社,2020.

[3] 王修山.道路与桥梁工程概论[M].北京:机械工业出版社,2020.

[4] 吴留星.公路桥梁与维修养护[M].北京:中国纺织出版社,2020.

[5] 马国峰,刘玉娟.桥梁上部结构施工技术[M].北京:北京理工大学出版社,2020.

[6] 于洪江,李明樾.道路工程施工技术[M].重庆:重庆大学出版社,2020.

[7] 李艳.山地城市桥梁生态美学探究[M].重庆:重庆大学出版社,2020.

[8] 覃辉,马超.南方MSMT道路桥梁隧道施工测量[M].上海:同济大学出版社,2019.

[9] 于洪江.道路桥梁检测技术[M].郑州:黄河水利出版社,2019.

[10] 肖光斌,冯丽霞.道路桥梁与隧道施工技术[M].西安:西安出版社,2019.

[11] 彭彦彬,张银峰.道路桥梁工程概论第2版[M].郑州:黄河水利出版社,2019.

[12] 张忠.道路与桥梁工程施工技术[M].北京:中国建材工业出版社,2019.

[13] 崔艳梅.道路桥梁工程概预算第2版[M].成都:重庆大学出版社,2019.

[14] 马运朝.道路桥梁养护决策与管理体系研究[M].哈尔滨:黑龙江人民出版社,2019.

[15] 丁雪英,陈强.公路桥梁建设与工程项目管理[M].长春:吉林科学技术出版社,2019.

[16] 李冬松.桥梁工程技术[M].北京:人民交通出版社,2019.

[17] 王涛,王峰.公路桥梁施工技术与概预算[M].延吉:延边大学出版社,2019.

[18] 潘永祥.公路桥梁与改扩建新技术[M].昆明:云南大学出版社,2019.

[19] 方诗圣,李海涛.道路桥梁工程施工技术第2版[M].武汉:武汉大学出版社,2018.

[20] 刘冰峰,常柱刚.道路桥梁与交通工程[M].天津:天津科学技术出版社,2018.

[21] 唐莉,黄春水.道路与桥梁工程[M].长春:吉林大学出版社,2018.

[22] 潘高仑.道路桥梁与隧道施工[M].南昌:江西科学技术出版社,2018.

[23] 徐永峰.道路与桥梁工程概论[M].长春:吉林大学出版社,2018.

[24] 石玥茹,杨娜.道路桥梁与建筑工程施工[M].哈尔滨:哈尔滨工程大学出版社,2018.

[25] 武太峰,苗振旭.道路桥梁工程与路基路面[M].天津:天津科学技术出版社,2018.

[26] 晁海龙.公路桥梁与维修养护[M].天津:天津科学技术出版社,2018.

[27] 李岩涛.公路桥梁与施工管理[M].沈阳:沈阳出版社,2018.

[28] 修林岩,徐小娜.公路工程与桥梁施工[M].天津:天津科学技术出版社,2018.

[29] 刘黔会,张挣鑫.公路工程与桥梁施工技术研究[M].咸阳:西北农林科技大学出版社,2018.

[30] 李明杰,汤生虎.公路桥梁建设施工技术与质量检验[M].北京:中国建材工业出版社,2018.